Carl von Düring

Der Gesamthafenbetrieb des Hafens Hamburg

Carl von Düring

Der Gesamthafenbetrieb des Hafens Hamburg

ISBN/EAN: 9783954272112
Erscheinungsjahr: 2012
Erscheinungsort: Bremen, Deutschland

© maritimepress in Europäischer Hochschulverlag GmbH & Co. KG, Fahrenheitstr. 1, 28359 Bremen. Alle Rechte beim Verlag und bei den jeweiligen Lizenzgebern.

www.maritimepress.de | office@maritimepress.de

Bei diesem Titel handelt es sich um den Nachdruck eines historischen, lange vergriffenen Buches. Da elektronische Druckvorlagen für diese Titel nicht existieren, musste auf alte Vorlagen zurückgegriffen werden. Hieraus zwangsläufig resultierende Qualitätsverluste bitten wir zu entschuldigen.

Der Gesamthafenbetrieb des Hafens Hamburg

Von

Dr. Carl Frhr. v. Düring

1936

Otto Meissners Verlag Hamburg

Vorwort

Als ich vor zehn Jahren meine Schrift über „Die Organisation der Arbeit im Hamburger Hafen" herausgab, geschah es in der Absicht, durch eine Klarstellung der Eigenart des Arbeitsverhältnisses im Hamburger Hafen dahin zu wirken, daß durch die Erkenntnis der mit der Hafenarbeit zusammenhängenden Probleme das gegenseitige Verstehen aller am Hafenbetrieb Beteiligten gefördert würde. Wenn dies heute erreicht ist, so kann wohl festgestellt werden, daß der Inhalt dieser Schrift dazu beitragen half, den Weg zu bereiten.

Die vorliegende Schrift soll nun eine Darstellung geben, wie sich die Verhältnisse in der Organisation der Arbeit im Hafen Hamburg inzwischen entwickelt haben und auf Grund dieser Feststellungen Richtpunkte für die weitere Entwicklung aufzeigen. In diesem Sinne ist die Schrift keine theoretische, sondern eine für die praktische Gestaltung des werktätigen Lebens im Hafen Hamburg gedachte Abhandlung. Wenn sie in Zusammenhang mit der von mir in schweren und arbeitsreichen Jahren durchgeführten Tätigkeit als Vorstand des Hafenbetriebs-Vereins dazu beiträgt, der Gestaltung der Organisation der Arbeit und der Gestaltung des Arbeitsschicksals der im Hafen tätigen Volksgenossen für eine lange Zukunft eine feste und gesicherte Grundlage und Richtung zu geben, so wird dadurch die viele Mühe und Sorge, die mir dieses Amt bereitet hat, belohnt sein. Meiner ersten Schrift mußte ich unter Berücksichtigung der damaligen Verhältnisse mehr den Charakter einer akademischen Erörterung geben, während ich heute, nachdem der sozialpolitische Neuaufbau im Hafen zu einem Abschluß geführt ist, klarer aussprechen kann, was nach meiner Erfahrung das Beste für Hamburg, seinen Hafen und die darin tätigen Volksgenossen ist und für die Zukunft richtungweisend bleiben muß. Auf den Inhalt meiner ersten Schrift wird dabei nur, soweit es unbedingt erforderlich ist, zurückgegriffen. Im übrigen muß die darin geschilderte historische Entwicklung als bekannt vorausgesetzt werden.

Inhaltsverzeichnis

Abschnitt	Seite
Vorwort	5
Einleitung	7
Der Hafenbetriebs-Verein	11
Der Gesamthafenbetrieb	15
Das Gesetz zur Ordnung der nationalen Arbeit und die ersten Maßnahmen zu seiner Durchführung im Hafenbetrieb	18
Die 12. Durchführungsverordnung zum AOG.	22
Der Führer des Gesamthafenbetriebes	25
Die Gesamthafenbetriebs-Gesellschaft m. b. H.	28
Die Aufbringung der Kosten	32
Die Seeschiffahrt und der Gesamthafenbetrieb	34
Die Hafeneinzelbetriebe	35
Die Hafenarbeiter	40
Die Gefolgschaften	44
Vertrauensrat und Beirat im Gesamthafenbetrieb	48
Die Betriebsordnung für den Gesamthafenbetrieb	51
Arbeitskarte und Einstellungsvertrag	53
Die Arbeitseinteilung der Gesamthafenarbeiter	61
Der Arbeitsverdienst	68
Arbeitslosenversicherung und Hafenhilfe	72
Die Lohnzahlung	74
Die Sozialversicherung	76
Die soziale Sorge für die Gesamthafenarbeiter	78
Die Hafensiedlung	82
Abschließende Betrachtungen	86
Nachwort	90
Anhang	91

Einleitung

Vom Jahre 1925 bis zum Jahre 1928 hatte der Hamburger Hafen eine ständige Zunahme seines Güterverkehrs und damit der Beschäftigungsmöglichkeit der Hafenarbeiter aufzuweisen. Der Güterumschlag stieg in diesem Zeitraum im Gesamthafen Hamburg (Hamburg, Altona und Harburg-Wilhelmsburg) von 22 371 000 Tonnen auf 29 661 000 Tonnen, also um 32,7 %. Damit hatte der Hafen die Verkehrshöhe wieder erreicht, die er vor dem Kriege inne hatte, und schien nun einem weiteren stetigen Aufstieg entgegenzugehen.

In jene Zeit fällt der Abschluß des Staatsvertrages zwischen Hamburg und Preußen über die Gründung einer hamburgisch-preußischen Hafengemeinschaft zum Zwecke des gemeinsamen weiteren Ausbaues der Hafenanlagen auf dem zwischen Hamburg und Harburg gelegenen Gebiet von Neuhof, Kattwyk und Hoheschaar. Der Staatsvertrag wurde in Ausführung eines bereits am 5. Dezember 1928 abgeschlossenen Abkommens Anfang März 1929 unterzeichnet. Auf die Gestaltung der Organisation der Arbeit hat er keinen Einfluß gehabt, da in dieser Beziehung schon damals die Häfen von Hamburg, Altona und Harburg-Wilhelmsburg organisatorisch zusammengefaßt waren. Von Bedeutung war aber, daß diese vorweggenommene Zusammenfassung damit auch in der behördlichen Verwaltung begrifflich untermauert wurde. In diesem Sinne wirkte insbesondere die Schaffung der amtlichen Bezeichnung „Hafen Hamburg", unter der die drei in getrennter Verwaltung bleibenden Häfen, nämlich der Hamburger Hafen, der Altonaer Hafen und der Harburger Hafen begrifflich zusammengefaßt werden.

Zu praktischer Auswirkung für den Hafenumschlag konnte der Vertrag, wie der aufmerksame Beobachter des Hafens wußte, damals nicht kommen. Ob dies in späterer Zukunft einmal der Fall sein wird, muß dahingestellt bleiben. Die vorhandenen Hafenanlagen des Hamburger Hafens allein konnten weder im Jahre 1928 noch nachher voll ausgenutzt werden.

Die Kurve des Güterumschlags hatte 1928 ihren Gipfelpunkt erreicht und begann infolge der einsetzenden Weltwirtschaftskrise und einer einseitig auf das Kapitalrenteninteresse zugeschnittenen Deflationspolitik des damaligen Regierungssystems langsam aber stetig abzusinken[*]. Im Jahre 1932 betrug der Güterumschlag nur noch

---

[*] Vgl. Tabelle im Anhang „Güterverkehr der Wettbewerbshäfen".

19 827 000 Tonnen, war also seit seinem Höchststand im Jahre 1928 um 33,2 % auf 68 % des Vorkriegsstandes zurückgegangen. Auf die Gründe dieses Verkehrsrückganges kann hier nicht näher eingegangen werden. Es ist nur die Tatsache festzustellen und ihre Einwirkung auf die Organisation der Arbeit im Hafen Hamburg zu untersuchen.

Die Beschäftigungsmöglichkeit engte sich immer mehr ein. Fanden im Jahre 1928 einschließlich des staatlichen Kaibetriebes durchschnittlich täglich noch etwa 21 000 Arbeiter mit ihren Familien Lohn und Brot in der Hafenarbeit, so war im Jahre 1932 die durchschnittliche tägliche Beschäftigungsmöglichkeit etwa auf die Hälfte zurückgegangen, also noch stärker als der Güterumschlag gesunken. Dieser Beschäftigungsrückgang vollzog sich parallel mit dem allgemeinen Ansteigen der Arbeitslosenziffer in Deutschland. Er wirkte sich in der Hafenarbeiterschaft zunächst aber nicht in einer Verringerung der an der Hafenarbeit beteiligten Zahl von Hafenarbeitern, sondern vielmehr in dem Rückgang ihres Anteils an der Beschäftigung und damit ihres Verdienstes aus. Am 1. Januar 1929 waren beim Hafenbetriebs-Verein in Hamburg E. V. 16 000 Arbeiter eingeschrieben; am 1. Januar 1933 dagegen 14 000 Arbeiter. Mithin war nur ein Rückgang um 2000 Arbeiter oder 12,5 % eingetreten. Wenn die Zahl der eingeschriebenen Hafenarbeiter damals nicht stärker vermindert wurde, so geschah dies unter der Erwägung, daß diese Arbeiter bei der allgemeinen Zunahme der Arbeitslosigkeit auch in anderen Berufen keine Arbeit hätten finden können, während ihnen so wenigstens die Zugehörigkeit zur Hafenarbeiterschaft erhalten blieb. Sie kamen also nicht ganz aus ihrem Beruf heraus und konnten im Falle einer Belebung des Hafenverkehrs sofort wieder daran teilnehmen. Es schien dies in sozialer Hinsicht immer noch besser als die völlige Entlassung aus ihrer Berufstätigkeit, zumal ihnen die Unterstützungen der Arbeitslosenversicherung gezahlt wurden.

Die Belassung einer so großen Anzahl von Arbeitern hatte bei der weiteren Verringerung des Arbeitsanfalls im Hafen aber natürlich zur Folge, daß der Verdienst des einzelnen Hafenarbeiters immer mehr geschmälert wurde. Dies wirkte sich um so stärker aus, als die Verteilung der Arbeit nicht gleichmäßig, sondern ungeregelt nach freier Wahl erfolgte.

Wie schwer es gewesen ist, unter den damaligen Verhältnissen bei dem Fehlen jeglicher richtungweisender Ziele der Staatslenkung, bei dem immer rascheren Absinken der Staatsautorität und der immer stärkeren Zunahme der Arbeitslosigkeit und der kommunistischen Umtriebe, den ungestörten Fortgang des Hafens zu gewährleisten, vermögen nur diejenigen zu ermessen, die unmittelbar selbst an dieser Arbeit beteiligt gewesen sind. Wenn die Hamburger Wirtschaft trotzdem in diesen schweren Jahren ungestört ihrer Tätigkeit nachgehen konnte, so darf sie dabei nicht vergessen, daß dies kein Zustand von Dauer sein konnte. Hieran kann sich auch nichts dadurch ändern, daß der Hamburger Hafen trotz aller Schwierigkeiten und trotz der Unvollkommenheit der Organisation der Arbeit in der Zeit von 1924 bis 1933 ohne eine nennenswerte Arbeitsstörung gearbeitet hat, während er im Gegensatz dazu früher als das unruhigste Arbeitsgebiet gelten konnte. Das war nur möglich durch ein verständnisvolles Wirken des Hafenbetriebs-Vereins, das auch denjenigen Hafenbetrieben zugute kam, die sich aus Gründen der Kostenersparnis oder aus anderen Gründen nicht an der Organisation beteiligten. Dies verständnisvolle Wirken wurde dadurch ermöglicht, daß die Beschlüsse des Verwaltungsrats des Hafenbetriebs-Vereins unter der Führung seines Vorsitzenden Christen Thiessen und seines Stellvertreters Alfred Edye stets den höheren Gesichtspunkten des Gesamthafens Rechnung trugen.

Wenn nun die Hamburger Wirtschaft für alle Zukunft eine feste und sichere Grundlage für die Existenz des Hafenarbeiters gewährleisten soll, so möge sie sich stets an die schwere Zeit erinnern, in der der Hafenbetrieb und damit die wirtschaftliche Betätigung jedes einzelnen auf so unsicheren Grundlagen stand.

Der Hafenbetriebs-Verein

Mit dem Rückgang der Beschäftigung trat das Problem der Unständigkeit, das bei der ansteigenden Beschäftigung bis zum Jahre 1928 vorübergehend in den Hintergrund getreten war, wieder mit allen seinen Schwierigkeiten hervor.

Es ist bekannt, daß die Arbeiter, die in den einzelnen Betrieben fest beschäftigt werden, für den Hafenbetrieb nicht ausreichen, sondern daß daneben wegen der starken Schwankungen des Hafenverkehrs eine große Anzahl Hafenarbeiter ständig zur Verfügung der Gesamtheit der Hafenbetriebe gehalten werden muß. Von den im Jahre 1929 im Bereich des Hafenbetriebs-Vereins vorhandenen 16 000 Arbeitern waren 8500 unständige Hafenarbeiter. Es ist inzwischen allgemein anerkannt, daß dieser ständig vorhandene Hafenarbeiterstamm, der nicht ständig bei demselben Hafeneinzelbetrieb, sondern wechselnd bei verschiedenen Betrieben arbeitet, ebenso zum Hafenbetrieb gehört, wie der Stamm der festen Arbeiter eines Hafeneinzelbetriebes; denn ohne ihn kann der Hafenbetrieb nicht durchgeführt werden. Ja, man kann sagen, daß diese Hafenarbeiter geradezu von ausschlaggebender Bedeutung für den ungestörten Fortgang des Hafenbetriebes sind.

Der feste Arbeiter erlangt ein Zugehörigkeitsgefühl zu seinem Betrieb, damit eine Betriebsverbundenheit und eine größere Stetigkeit in seiner wirtschaftlichen Auffassung. Bei dem unständigen Arbeiter ist dies dagegen nicht der Fall. Er steht weniger dem einzelnen Hafenbetrieb als ihrer Gesamtheit gegenüber und muß deshalb auch eine Stütze und einen Halt in einem Repräsentanten der Gesamtheit finden, der ihn betreut und in ihm die gleichen Eigenschaften erwecken kann, die der feste Arbeiter aus seiner Betriebszugehörigkeit zum Hafeneinzelbetrieb erhält. Das war die wichtige Aufgabe des Hafenbetriebs-Vereins.

So ist es zu verstehen, wenn die unständigen Hafenarbeiter in dem Hafenbetriebs-Verein ihren eigentlichen Arbeitgeber sahen, bei dem sie ihre Wünsche und Beschwerden anbringen konnten und von dem sie erwarteten, daß er sich ihrer annahm. In diesem Sinne bildete der Hafenbetriebs-Verein bereits eine gewisse betriebliche Zusammenfassung der Hafeneinzelbetriebe im gesamten Hafenbetrieb.

Es ist angebracht, sich hier die Einrichtungen zu vergegenwärtigen, die der Hafenbetriebs-Verein für den Hamburger Hafen geschaffen hatte.

Als erstes ist die Registrierung der Hafenarbeiter zu nennen. Sie diente zur Durchführung der Bestimmung, daß ein Hafeneinzelbetrieb keinen festen oder unständigen Arbeiter beschäftigen darf, der nicht durch Aushändigung einer Arbeitskarte zum Hafenbetrieb zugelassen ist. Diese Registrierung war die erste Voraussetzung für die Durchführung der Organisation im Hafen. Eine besondere Registraturabteilung hatte die damit zusammenhängenden Arbeiten zu erledigen.

Die sehr umfangreiche Abteilung der Arbeitsverteilung hatte die Aufgabe, die registrierten, aber nicht in einem Hafeneinzelbetrieb fest eingestellten Hafenarbeiter täglich auf die Hafeneinzelbetriebe zur Arbeit zu verteilen.

Ihre Auszahlung erfolgte durch die Lohnkasse, die eine ebenso unentbehrliche Einrichtung wie die beiden vorgenannten Abteilungen war. Sie entstand, um eine geregelte Lohnauszahlung für die unständigen Arbeiter sicherzustellen und die vorher übliche Auszahlung in den Gastwirtschaften des Hafens mit ihren üblen Begleiterscheinungen zu beseitigen. Die Lohnkasse arbeitete gleichzeitig für die Steuerbehörde, auf die die Angestellten verpflichtet wurden.

Für die Durchführung der Krankenversicherung der unständigen Hafenarbeiter war eine besondere Krankenkassen-Abteilung eingerichtet, die in engster Zusammenarbeit mit der Allgemeinen Ortskrankenkasse Hamburg stand.

Als weitere Einrichtung ist dann noch die Schlichtungsstelle für den Hafenbetrieb zu erwähnen, der anstelle des Arbeitsgerichts die Erledigung aller Arbeitsstreitigkeiten im Hafenbetrieb, sowie die Entscheidung über die Entziehung von Arbeitskarten oblag; ferner die durch den Hafenbetriebs-Verein unterhaltene Geschäftsstelle des Hafenbetriebsrats, der auf Grund des Betriebsrätegesetzes als gemeinsame Vertretung der Hafenarbeiterschaft gebildet war.

Alle diese Einrichtungen hatten sich im Laufe der Zeit aus einem tatsächlich vorliegenden Bedürfnis heraus entwickelt und bildeten einen für die reibungslose Tätigkeit der Hafeneinzelbetriebe unentbehrlichen Betrieb. Der Umfang des ganzen Apparates ist aus der Anzahl der dazu notwendigen Angestellten ersichtlich, die im Jahre 1928 etwa 160 betrug.

Die erforderlichen Mittel wurden vom Hafenbetriebs-Verein durch die von seinen Mitgliedern erhobenen Beiträge aufgebracht. Diejenigen Hafeneinzelbetriebe, die nicht Mitglieder des Hafenbetriebs-Vereins waren, hatten indirekt, ohne an der Aufbringung der Mittel beteiligt zu sein, einen Nutzen von der dadurch geschaffenen Ordnung im Hafenbetrieb.

Für die wirksame Durchführung der Organisation war die Aufrechterhaltung einer ausreichenden Disziplin unter den Mitgliedern des Hafenbetriebs-Vereins erforderlich. Die Satzung sah daher vor, daß Mitglieder, welche die vom Hafenbetriebs-Verein erlassenen Bestimmungen nicht befolgten, in Ordnungsstrafen genommen werden konnten. Es liegt auf der Hand, daß die Aufrechterhaltung der Disziplin vielfach als Zwang seitens der Mitglieder empfunden wurde, und daß sich daraus leicht Verstimmungen gegenüber dem Hafenbetriebs-Verein ergaben. Man kann wohl sagen, daß sich der Hafenbetriebs-Verein bei einer Reihe seiner Mitglieder durchaus nicht großer Beliebtheit erfreute. Das hängt zum Teil auch mit der Entstehung des Vereins zusammen, der zwangsweise durch die Reeder und Schiffsmakler ins Leben gerufen wurde, um Ordnung in den Hafen zu bringen. Sie zwangen die Hafeneinzelbetriebe in diese Organisation, indem in der Satzung eine Bestimmung aufgenommen wurde, daß Mitglieder des Hafenbetriebs-Vereins, in diesem Falle also Reeder und Schiffsmakler, Aufträge nur an solche Hafeneinzelbetriebe geben durften, die Mitglied des Hafenbetriebs-Vereins waren. Es muß aber gesagt werden, daß die Mehrzahl der Hafenbetriebe die Notwendigkeit der Organisation eingesehen hat und bemüht war, die ihnen auferlegten Beschränkungen im Interesse des ganzen Hafens auf sich zu nehmen und die Bestimmungen ordnungsgemäß zu erfüllen. Wenn der nicht dazu gehörende Teil der Hafenunternehmer nach dem Januar 1933 meinte, daß nunmehr die Zeit gekommen sei, die Fesseln des Hafenbetriebs-Vereins abzuwerfen, so verkannten diese Unternehmer, daß allein das Vorhandensein des Hafenbetriebs-Vereins ihnen in den schweren Jahren vorher ermöglicht hatte, ihren Geschäften ungestört nachzugehen. Interessant ist es, hierzu die Meinungsäußerung eines Vertreters der Hafenarbeiter, nämlich eines Mitgliedes des ersten nationalsozialistischen Vertrauensrates, kennenzulernen. Er schreibt in seinem ersten Jahresbericht*):

„... Der Nutzen für Reeder und Großhandel war die organisatorische Festlegung der Abhängigkeit der Hafenbetriebe und die Sicherheit der Ordnung zugunsten ihrer Belange. Die Hafenbetriebe fügten sich diesem Zwange und ließen sich in ihrer hemmungslosen Betätigung einschränken, weil sie in den Zeiten des Klassenkampfes einsahen, daß ein Damm gegen die rote Flut, die fast restlose Beseitigung der Gefahr von Streiks und Unruhen nützlicher sei als die schrankenlose Freiheit. Außerdem wurde durch die Schaffung einer gemeinsamen Lohnbasis ihrer Existenz überhaupt erst ein sicheres Fundament gegeben. Die unständigen Arbeiter aber hatten durch den Hafenbetriebs-Verein den Nutzen, ihre Arbeitsplätze bis zu einem gewissen Grade geschützt zu sehen vor dem Eindringen der großen Flut der Hamburger Erwerbslosen. Durch die Möglichkeit, Unterstützung zu beziehen, trotzdem sie „in Arbeit" standen, wurde für sie die Last der Unständigkeit überhaupt erst tragbar. Lohnkassen, Krankenkassenabteilung und die Regelung der Unfallversiche-

---

*) „Der erste Hafenbetriebsrat im Dritten Reich." Ein Bericht von Hermann Nölle.

rung, die gemeinsame Vertretung durch den Hafenbetriebsrat und auch die Schlichtungsstelle boten ihnen im Hafenbetriebs-Verein nicht unerheblichen sozialen Schutz.

Doch muß gesagt werden, daß die Masse der Hafenarbeiter diesen Nutzen weder sah, noch anerkannte, und daß der ehemalige Hafenbetriebsrat aus Gründen des Klassenkampfes nichts tat, sie darauf aufmerksam zu machen. Wenn sie sich trotzdem dem Zwange gefügt haben, so letzten Endes deshalb, weil ihnen als einer führerlosen, zersplitterten Masse (nur ein ganz geringer Prozentsatz der Hafenarbeiter war in den tariffähigen Verbänden organisiert, und nur diese Organisierten wurden vom Hafenbetriebsrat vertreten) nichts anderes übrig blieb, und weil die Aussicht, woanders Arbeit zu bekommen, gleich Null war.

Die vermittelnde Rolle des Hafenbetriebs-Vereins wurde durch eben diesen Nützlichkeitsstandpunkt erheblich erschwert. Denn die Hafenbetriebe bedienten sich des Schutzwalles dieser Organisation in ausgiebigem Maße bei allen Schwierigkeiten, die zwischen ihnen und den Arbeitern entstanden. Gleich, auf welcher Seite Recht oder Unrecht lag, immer fand sich am letzten Ende der Arbeiter irgendeinem Beamten des Hafenbetriebs-Vereins gegenüber (Lohnkasse, Krankenkasse und auch die Schlichtungsstelle war für den Arbeiter identisch mit dem Hafenbetriebs-Verein). Mangels Aufklärung durch den früheren Hafenbetriebsrat konzentrierte sich auf diese Weise der Zorn des Arbeiters immer wieder auf den Hafenbetriebs-Verein, bis schließlich der Name allein schon auf ihn wirkte wie das rote Tuch auf den Stier. In dieser Ablenkung der aufgehetzten klassenkämpferischen angriffslustigen Hafenarbeiter von den Betrieben weg auf den Hafenbetriebs-Verein lag ja geradezu eine Aufgabe des Hafenbetriebs-Vereins. In dieser Beziehung kann der ganz außerordentliche Nutzen des Hafenbetriebs-Vereins für die Betriebe und auch für die Arbeiter gar nicht hoch genug veranschlagt werden. Es zeugt von einem erheblichen Grad von Vergeßlichkeit und Undankbarkeit, wenn in dem gleichen Augenblick, wo der Führer mit starker Hand die rote Flut bändigte und schließlich restlos vernichtete, man*) es unternimmt, gegen eine Organisation Sturm zu laufen, unter deren Schutz man viele, viele Jahre arbeiten konnte, zumal die Kosten der Organisation am letzten Ende von den Reedern getragen wurden."

Die größten Schwierigkeiten im Hafenbetrieb sind, um es noch einmal mit aller Deutlichkeit zu sagen, sowohl hinsichtlich der Hafenbetriebe als hinsichtlich der Arbeiterschaft auf die große Unständigkeit des Hafenverkehrs zurückzuführen, der so vielen, teilweise täglich wechselnden Einflüssen unterliegt.

Aufgabe der Arbeitsorganisation ist es deshalb, die abträglichen Folgen dieser Unständigkeit zu verringern, wenn möglich zu beseitigen, damit die Arbeiterschaft in ihrer Existenz zu sichern und sie leistungsfähig und leistungswillig zu erhalten. Das ist nur möglich, wenn durch organisatorische Zusammenfassung, die zeitlich und dem Umfange nach verschieden auftretende Unständigkeit der einzelnen Hafenbetriebe in ihrer Auswirkung auf die Arbeiter ausgeglichen wird.

---

*) Gemeint sind Hafeneinzelbetriebe.

In dieser Richtung bewegten sich auch die Maßnahmen des Hafenbetriebs-Vereins; es haftete ihnen aber immer noch der Charakter der Arbeitsmarktregelung und Arbeitsvermittlung an. Wo man zur Befriedung des Hafens darüber hinausgegangen war, mußten die Maßnahmen in den Anfängen stecken bleiben, denn eine restlose Lösung war unter der damaligen Wirtschaftsauffassung nicht möglich. Durch die Organisation des Hafenbetriebs-Vereins war die Grundlage zur Lösung des Problems der Unständigkeit geschaffen und das Problem der Lösung nähergebracht worden. Den Weg für die Schaffung einer dauernden Grundlage zur Befriedung der Hafenarbeit öffnete erst die Machtergreifung Adolf Hitlers, indem sie eine völlig neue Auffassung durchsetzte.

Der Gesamthafenbetrieb

Um die Zusammenhänge auch für Außenstehende verständlicher zu machen, sei zunächst eine Uebersicht über die Gliederung des Hafenbetriebes in Hamburg gegeben, so wie sie sich im Laufe der Zeit gestaltet hat.

Wer heute den Hamburger Hafen vor sich sieht, steht vor einer fast verwirrenden Vielgestaltigkeit. Diese hat sich im Laufe der Jahrhunderte, vornehmlich im neunzehnten Jahrhundert, allmählich herausgebildet. Waren früher Handel, Schiffahrt und Hafenbetrieb in der Hand eines Unternehmers vereinigt, so trat mit dem Anwachsen des Verkehrs eine fortschreitende Arbeitsteilung ein. Zunächst trennten sich Handel und Seeschiffahrt, sodann weiter fortschreitend Seeschiffahrt und Hafenbetrieb in selbständige Unternehmungen. Im Hafenbetrieb wurden dabei aus Gehilfen selbständige Gewerbetreibende. Neue Gewerbegruppen bildeten sich, teils auch ins Leben gerufen durch die räumliche Erweiterung des Hafens. So ist der Hafenbetrieb heute aufgelöst in viele Betriebszweige und innerhalb dieser in Hunderte von Einzelbetrieben, die nebeneinander und miteinander den Hafenbetrieb ausüben.

Der Stauereibetrieb, der in der Hand selbständiger Stauerei-Unternehmer oder selbständiger Gesellschaften von Hamburger und auswärtigen Schiffahrtslinien liegt, führt an Bord des Seeschiffs die für das Stauen und das Löschen der Ladung notwendigen Arbeiten aus.

Der Kai-Umschlagsbetrieb, der sich in den Kaibetrieb des Hamburger Staates und in die Privatkaibetriebe der großen Schiffahrtsgesellschaften gliedert, dient dazu, die zu ladenden oder gelöschten Güter vorübergehend aufzunehmen und für den Versand zu ordnen.

Für den Massengutumschlag besteht der mechanische Umschlagsbetrieb, in dem durch landfeste und schwimmende Heber, seltener mittels Handarbeit, das Löschen von Kohlen aus See- und Binnenschiffen erfolgt.

Im **Lagerhausbetrieb** erfolgt die Lagerung im Großen in den Freihafen-Lagerhäusern.

Im **Speichereibetrieb** der Quartiersleute werden in den Quartieren, die die Quartiersmannsfirmen in den großen Lagerhäusern im Freihafen mieten, Waren zur Ausfuhr und Einfuhr im Auftrage der Kaufmannschaft gelagert, sortiert und verpackt. Auch werden Waren an Bord oder an Kaischuppen bemustert und kontrolliert.

Für den Güterumschlag tritt außerdem noch in Tätigkeit der **Ladungskontrollbetrieb**, der einerseits für den Reeder, andererseits für den Ablader durch Tallyleute bzw. Ladungskontrolleure die Kontrolle der Güter beim Löschen und Laden besorgt.

Der Getreide-Umschlag wird vom **Getreideheberbetrieb** mittels schwimmender Heber ausgeführt, während der **Kornumstechereibetrieb** die Aufgabe hat, im Auftrage der Getreideempfänger Verwiegung, Bemusterung, Schadensfeststellung usw. beim einkommenden Getreide vorzunehmen.

Im **Schiffsreinigungs- und Schiffskesselreinigungsbetrieb** wird die Reinigung und das Anstreichen der Schiffe und die Reinigung der Schiffskessel besorgt.

Ein weiterer Betriebszweig ist der **Bunkereibetrieb**, der die Bunker der See- und Flußschiffe mit den für die Fahrt erforderlichen Kohlen mittels Heber- oder Handbetrieb versieht. Ihm zur Seite tritt der **Dampfwindenbetrieb**, der schwimmende Dampfwinden zum Bunkern und auch zu anderen Arbeiten zur Verfügung stellt.

Der **Ewerführereibetrieb** besorgt den Wassertransport von Gütern mit Schuten von und zum Seeschiff oder zwischen landfesten Anlagen.

Die **oberelbische Schiffahrt** führt mit ihren Kähnen die von der Oberelbe herangeschafften Güter unmittelbar an die Seeschiffe oder Kaischuppen oder an Lagerhäuser im Hafen und nimmt von diesen Stellen Güter ab, die auf der Elbe in das Binnenland transportiert werden sollen.

Auf der Unterelbe wird diese Aufgabe zum größten Teil von der **Leichterschiffahrt der Unterelbe** ausgeführt.

Die **Hafenschleppschiffahrt**, die sowohl in Verbindung mit den vorgenannten Schiffahrtsbetrieben gemeinsam als auch selbständig betrieben wird, hat die Aufgabe, die Fahrzeuge, nämlich Schuten und Kähne, im Hafen und auf der Unterelbe zu schleppen.

Die **Schleppdampfschiffs-Reederei** hingegen dient dazu, mit ihren Schleppern die aufkommenden und auslaufenden Seeschiffe nach oder von ihrem Liegeplatz im Hafen zu bugsieren.

Ein weiterer Schiffahrtsbetrieb im Hafen ist die **Personen-**

schiffahrt, die der Arbeiterbeförderung durch Fährdampfer, Hafenschlepper und Barkassen dient.

Schließlich ist der S c h i f f s b e w a c h u n g s b e t r i e b zu erwähnen, der die Wachleute für die im Hafen liegenden Seeschiffe stellt.

Alle diese Betriebszweige füllen in selbständiger Tätigkeit die Lücke zwischen Handel und Schiffahrt aus. In Ausübung ihrer Einzelleistungen müssen sie gegenseitig aufeinander Rücksicht nehmen und sich in das Gefüge des gemeinschaftlichen Hafenbetriebes so eingliedern, daß er ebenso reibungslos läuft, als wenn er ein von einer einheitlichen Stelle geleiteter Gesamtmechanismus wäre.

In diesem Gesamtmechanismus sehen wir den Begriff des „Gesamthafenbetriebes" als einen der einzelbetrieblichen Betätigung übergeordneten Begriff sich deutlich abheben. Die Bejahung der technischen und betrieblichen Gesamtheit der Hafeneinzelbetriebe und ihre Einfügung darin ist die Voraussetzung dafür, daß der Gesamthafenbetrieb sich in hunderte von Einzelbetrieben aufteilen kann, ohne daß Störungen entstehen. Der Begriff „Gesamthafenbetrieb" ist also keine neue Erfindung. Tatsächlich war schon früher ein Gesamthafenbetrieb vorhanden. Nur war der Begriff noch nicht formuliert und ausgesprochen.

Hinsichtlich der technischen Zusammenarbeit der Hafeneinzelbetriebe wurde dem Begriff des „Gesamthafenbetriebes" durch die Schaffung einer „Hafenbetriebsordnung", die im Jahre 1925 vom Hafenbetriebs-Verein in Hamburg E. V. ausgearbeitet und beschlossen wurde, Rechnung getragen. An die Stelle dieser „Hafenbetriebsordnung" ist die im Februar 1936 herausgegebene Hafenumschlagsordnung getreten. Sie wurde von dem Hafenrat erlassen, der im September 1935 bei der Behörde für Wirtschaft mit Vertretern der am Hafen beteiligten Verkehrsgruppen zum Zwecke der Zusammenarbeit in wirtschaftlichen Hafenfragen gebildet ist.

In arbeitsorganisatorischer Hinsicht war dies, wie wir gesehen haben, durch die Bildung des Hafenbetriebs-Vereins selbst geschehen. Er war bereits eine Verkörperung des Gesamthafenbetriebes, allerdings keine vollständige, denn einmal konnte er bei der Freiwilligkeit des Beitritts, trotz des durch die Auftraggeber ausgeübten Druckes, nicht alle Hafenbetriebe restlos erfassen. Hierzu fehlte ihm die gesetzliche Handhabe. Zum andern waren seine Befugnisse und Aufgaben, wenn sie auch betrieblicher Art waren, doch nur vereinsmäßig und nicht betriebsmäßig begründet. Seine Maßnahmen waren daher von Vereinsbeschlüssen abhängig und nicht der Entschließung der Betriebsführung anheimgestellt.

Zu praktischer Geltung kam der Begriff „Gesamthafenbetrieb" erst, als es sich nach der Machtergreifung des Nationalsozialismus nun darum handelte, das Gesetz zur Ordnung der nationalen Arbeit auch im Hafenbetrieb durchzuführen.

Das Gesetz zur Ordnung der nationalen Arbeit und die ersten Maßnahmen zu seiner Durchführung im Hafenbetrieb

Das Gesetz zur Ordnung der nationalen Arbeit stellt eine vollkommene Umwälzung der früheren sozialen Verhältnisse und die Aufrichtung einer völlig neuen Sozialauffassung dar. Es begnügt sich nicht, wie die „Magna Charta di Lavoro", die Organisation der Gegensätze unter Staatsaufsicht zu nehmen, sondern es macht ganze Arbeit, indem es sie beseitigt und, unter Verneinung der Notwendigkeit solcher Gegensätze, die Betriebsgemeinschaft mit Führer und Gefolgschaft schafft.

Benito Mussolini wollte das Faustrecht im Arbeitskampf beseitigen und verwies die Klärung der sozialen und sozialpolitischen Gegensätze auf einen geordneten Rechtsweg, wie er bei bürgerlichen Rechtsstreitigkeiten zu beschreiten ist. Adolf Hitler macht ganze Arbeit. Ihm kam es darauf an, die sozialen und sozialpolitischen Gegensätze selbst für alle Zeiten zu beseitigen. Er verwies deshalb die gemeinsam schaffenden Menschen nicht auf einen Rechtsweg, sondern auf den Weg, den ihnen ihr lebendiges, völkisches und soziales Gewissen vorschreibt.

Das Gesetz will, indem es den Begriff des Führers und der Gefolgschaft des Betriebes schafft, den arbeitenden Menschen, der seine Arbeitskraft einem Wirtschaftsbetrieb widmet und damit vielfach den größten Teil seines Lebens verbringt, dem Betrieb so eng verbinden, daß er darin eine betriebliche Heimat findet und daß der Zusammenhang mit diesem Betrieb nicht mit der Arbeitszeit und mit der Bezahlung für die Arbeitsleistung aufhört. Die Betriebsverbundenheit soll den Betriebsangehörigen, der Leistung des Betriebes und damit auch der Wirtschaft zugute kommen. Das Verbundensein mit dem Betriebe endet also nach dem Gesetz zur Ordnung der nationalen Arbeit nicht mit Schluß der Arbeitszeit, sondern besteht auch in der übrigen Zeit, solange der Betreffende zur Gefolgschaft des Betriebes gehört.

Daß es notwendig war, das Gesetz auch im Hafen durchzuführen und damit diesem Gesichtspunkt auch in der Arbeitsorganisation im Hafen, insbesondere also auch hinsichtlich der bisherigen unständigen Kartenarbeiter des Hafenbetriebs-Vereins, Geltung zu verschaffen, stand außer Zweifel. Es fragte sich nur, wie es geschehen und wer es durchführen sollte.

Der Hafenbetriebs-Verein konnte sich seiner ganzen Entstehungsgeschichte nach dieser Aufgabe nicht entziehen, wenn er sich nicht mit Recht den Vorwurf des Versagens zuziehen wollte. Er konnte sich auch dann nicht der Aufgabe entziehen, wenn er dadurch schließlich seine eigene praktische Betätigung aufgeben mußte, lag doch dies alles in der gleichen Linie, wie die Bestrebungen, die zu seiner Gründung führten. Nur beim Hafenbetriebs-Verein waren überdies die Kenntnisse, Erfahrungen und Einrichtungen vorhanden, die die Voraussetzung und Gewähr für eine zweckmäßige und erfolgreiche Gestaltung bildeten. Aus diesen Erwägungen heraus stellte der Verwaltungsrat des Hafenbetriebs-Vereins den Verein für die Durchführung der Neuorganisation zur Verfügung und sicherte damit ihr organisches Wachstum aus dem Bestehenden heraus.

Das Gesetz zur Ordnung der nationalen Arbeit konnte bei seiner Allgemeingültigkeit für die gesamte deutsche Wirtschaft nur auf die normalen Verhältnisse, in denen sich diese betätigt, also auf den einzelnen Betrieb als Wirtschaftseinheit, abgestellt werden und daher die besonderen Verhältnisse des Hafens nicht berücksichtigen. So ergab sich die Notwendigkeit, eine Möglichkeit zu finden, um die Anwendung des Gesetzes und die Erreichung dessen, was es bezweckt, auch für den Hafen zu gewährleisten. Um den Weg dafür zu zeigen, legte der Vorstand des Hafenbetriebs-Vereins in einem am 1. Februar 1934 erstatteten Gutachten seine Gedanken über die Anwendung des Gesetzes auf den Hafenbetrieb nieder. In dem Gutachten, das im einzelnen Vorschläge zur Anwendung der verschiedenen Bestimmungen des Gesetzes enthält, wurde u. a. ausgeführt:

„Im Hamburger Hafenbetrieb ist zu unterscheiden:
Der Gesamthafenbetrieb und der Einzelhafenbetrieb.

Die Betätigung der Einzelhafenbetriebe ist nur möglich innerhalb des Gesamthafenbetriebs, in den sie sich einfügen müssen, wenn der Gesamtbetrieb des Hafens arbeiten soll.

Die Ergebnisse der Einzelbetriebe hängen auf das engste voneinander ab. Jeder Einzelbetrieb hat deshalb wichtige Verpflichtungen bezüglich Ordnung und Zuverlässigkeit.

Unternehmer, Angestellte und Arbeiter, die im Hafen tätig werden, müssen die nötige Gewähr für die Innehaltung dieser Verpflichtungen bieten. Sie müssen deshalb außer in ihrer Betriebsgemeinschaft des Einzelhafenbetriebs in einer Betriebsgemeinschaft des Gesamthafenbetriebs zusammengefaßt sein.

Zur Gefolgschaft der Einzelhafenbetriebe gehören ständig die festen Kartenarbeiter und von Fall zu Fall die unständigen Kartenarbeiter. Letztere können gleichzeitig als Gefolgschaft des Gesamthafenbetriebes gelten, da sie in wechselnder Folge zu verschiedenen Einzelhafenbetrieben verteilt werden.

Um eine zweckentsprechende Anwendung des Arbeitsgesetzes auf die Besonderheiten des Hamburger Hafenbetriebes zu ermöglichen, und um die Betriebsgemeinschaft sämtlicher im Hamburger Hafenbetrieb tätigen Volksgenossen zu gewährleisten, müßte der Gesamthafenbetrieb neben dem Einzelhafenbetrieb, nötigenfalls mit gewissen Modifikationen, als Betrieb im Sinne des Arbeitsgesetzes anerkannt werden.

Die Betriebsordnungen der Einzelhafenbetriebe werden sich auf Besonderheiten der Betriebe zu beschränken haben, während die übrigen

Bestimmungen durch eine Betriebsordnung für den Gesamthafenbetrieb festzusetzen wären, soweit sie nicht durch Tarifordnung zu regeln sind."

Der Verwaltungsrat des Hafenbetriebs-Vereins, der damals für eine Meinungsäußerung der am Hafenbetrieb beteiligten Unternehmerschaft die allein zuständige Stelle war, nahm das Gutachten einstimmig an und bekannte sich damit für die Unternehmerschaft zur Durchführung der daraufhin getroffenen Maßnahmen. Es ist wichtig, diese Tatsache auch für die Zukunft festzuhalten als Beweis dafür, daß das, was zur Durchführung des Gesetzes zur Ordnung der nationalen Arbeit im Hamburger Hafen geschaffen worden ist, nicht gegen die Unternehmerschaft, sondern mit ihr, und zwar in bereitwilligster Mitarbeit geschaffen wurde. An dieser Tatsache wird nichts dadurch geändert, daß später im Verlaufe der Durchführung hin und wieder zum Teil erhebliche Widerstände sich geltend machten, eine Erscheinung, die nun einmal bei allen Reformen und Neuerungen unvermeidlich ist. Letzten Endes setzt sich unter tatkräftiger Führung doch immer das Richtige und Bleibende durch und wird dann auch von denen anerkannt, die vorher anderer Meinung waren.

Auf Grund des erstatteten Gutachtens erließ der Treuhänder der Arbeit für das Wirtschaftsgebiet Nordmark, der durch Gesetz vom 19. 5. 33 / 13. 6. 33 für die Regelung der Arbeit in seinem Bezirk eingesetzt war, nach Besprechungen mit dem Reichsarbeitsministerium am 11. April 1934 folgende Entscheidung über die Ordnung im Hafen Hamburg:

„Für die Bildung eines Vertrauensrates für die unständig beschäftigten Hafenarbeiter ist der Vorstand des Hafenbetriebs-Vereins in Hamburg E. V. Führer des Betriebes im Sinne des Gesetzes zur Ordnung der nationalen Arbeit vom 20. Januar 1934.

Die unständig beschäftigten Hafenarbeiter bilden die Gefolgschaft. Auf Grund dieser Rechtslage ist die Wahl des Vertrauensrates sofort durchzuführen.

Ueber die Zusammensetzung des Vertrauensrates der unständig beschäftigten Hafenarbeiter mit den Vertrauensräten der einzelnen Firmen erfolgen noch Anweisungen."

Mit dieser Entscheidung war der Begriff des „Gesamthafenbetriebes" in arbeitsorganisatorischer Hinsicht für den Hafen Hamburg von Amts wegen festgesetzt. Nun war es nötig, den Begriff weiter auszugestalten. Dies geschah durch eine Anordnung, die der Treuhänder der Arbeit am 8. Mai 1934 erließ.

Diese Anordnung bildete die Grundlage für den weiteren Ausbau der Arbeitsorganisation, insbesondere auch für die spätere reichsgesetzliche Regelung. Der Treuhänder der Arbeit, Dr. Völtzer, hat sich für den Hamburger Hafen ein großes Verdienst erworben, indem er unter Ablehnung jeglicher Experimente schnell das Notwendige erkannte und ebenso schnell aus eigenem Entschluß und eigener

Verantwortung handelte. In diesem Sinne war seine Anordnung vom 8. Mai 1934 eine organisatorische Tat.

In der Anordnung wurde zunächst klargestellt, daß Hafeneinzelbetriebe alle im Hafen Hamburg Hafenarbeit ausführenden Betriebe sind, die fest oder unständig Hafenarbeiter beschäftigen. Unbeschadet ihrer Eigenschaft als Hafeneinzelbetriebe sollten alle Hafeneinzelbetriebe zusammen den Gesamthafenbetrieb bilden. Führer des Hafeneinzelbetriebes war der Unternehmer, Führer des Gesamthafenbetriebes der Vorstand des Hafenbetriebs-Vereins. Gefolgschaft der Hafeneinzelbetriebe waren die bei diesen fest eingestellten Hafenarbeiter, Gefolgschaft des Gesamthafenbetriebes diejenigen Hafenarbeiter, die nicht in einem Hafeneinzelbetrieb fest eingestellt waren und früher unter der Bezeichnung „unständige Kartenarbeiter" erfaßt wurden. Die Gefolgschaften der Hafeneinzelbetriebe und die Gefolgschaft des Gesamthafenbetriebes wählten nach den Bestimmungen des Gesetzes zur Ordnung der nationalen Arbeit ihre Vertrauensräte. Der Führer des Gesamthafenbetriebes hatte eine Betriebsordnung für den Gesamthafenbetrieb zu erlassen.

Gleichzeitig bedurfte der bisher vom Hafenbetriebs-Verein erfaßte Kreis der Hafenbetriebe einer Erweiterung. Alle Hafenbetriebe, auch soweit sie nicht Mitglieder des Hafenbetriebs-Vereins waren, mußten in den weiteren Ausbau der Arbeitsorganisation einbezogen werden, damit eine Lücke geschlossen wurde, die durch die Freiwilligkeit des Beitritts zum Hafenbetriebs-Verein bisher offen geblieben war.

Der Treuhänder der Arbeit verfügte deshalb in seiner Anordnung weiter, daß die Führer und Gefolgschaften sämtlicher Hafeneinzelbetriebe ohne Rücksicht auf ihre Zugehörigkeit zum Hafenbetriebs-Verein zusammen mit dem Führer und der Gefolgschaft des Gesamthafenbetriebes eine „Hafenbetriebsgemeinschaft" bilden. Führer der Hafenbetriebsgemeinschaft wurde gleichzeitig der Führer des Gesamthafenbetriebes. Er hatte zu seiner Unterstützung einen Vertrauensausschuß zu berufen, durch den die Verbindung mit den Führern der Hafeneinzelbetriebe hergestellt und so dafür gesorgt wurde, daß auch ihre Belange sowie die der Gefolgschaftsangehörigen der Hafeneinzelbetriebe bei der Durchführung der betrieblichen Aufgaben des Gesamthafenbetriebes Berücksichtigung fanden.

Zwecks Erlaß der notwendigen arbeitsorganisatorischen Bestimmungen wurde der Führer der Hafenbetriebsgemeinschaft ermächtigt, eine Durchführungsbestimmung über die Arbeitskarten zu erlassen.

Anknüpfend an das Bestehende wurde bestimmt, daß zu den Hafenarbeitern nur solche Personen zählen sollten, die im Besitze einer gültigen Arbeitskarte des Hafenbetriebs-Vereins waren. Die Hafeneinzelbetriebe wurden, wie es bisher schon für die Mitglieder des Hafenbetriebs-Vereins der Fall war, verpflichtet, mit Hafenarbeit nur Personen mit einer Arbeitskarte zu beschäftigen.

Desgleichen wurden die Führer der Hafeneinzelbetriebe verpflichtet, die Bestimmungen der vom Führer des Gesamthafenbetriebes herausgegebenen Betriebsordnung einzuhalten.

Um schließlich den Führer des Gesamthafenbetriebes in die Lage zu versetzen, die ihm nach dem Gesetz zur Ordnung der nationalen Arbeit obliegende Pflicht, für das Wohl seiner Gefolgschaft zu sorgen, erfüllen zu können, wurde er als Führer der Hafenbetriebsgemeinschaft ermächtigt, Anordnungen gegenüber den Hafeneinzelbetrieben zu erlassen. Die Hafeneinzelbetriebe wurden verpflichtet, auch diesen Anordnungen Folge zu leisten und die erforderlichen Mittel zur Verfügung zu stellen.

Die Aufsicht über die Verwendung der dem Führer des Gesamthafenbetriebes zur Verfügung gestellten Mittel wurde dem Verwaltungsrat des Hafenbetriebs-Vereins übertragen. Auch hier wurde also auf dem Bestehenden aufgebaut, jedoch so, daß sich die neue Organisation frei entfalten und gestalten konnte. Ebenso knüpfte der Treuhänder der Arbeit mit der Berufung des Vorstandes des Hafenbetriebs-Vereins zum Führer des Gesamthafenbetriebes und der Hafenbetriebsgemeinschaft an das Bestehende an. Dadurch wurde der Gesamthafenbetrieb die organische Fortsetzung des Hafenbetriebs-Vereins.

Mit dieser durch die Anordnung des Treuhänders getroffenen Regelung wurde bis zum Jahre 1935 gearbeitet. Während dieser Zeit zeigte sich, daß der Treuhänder der Arbeit mit seiner Anordnung das Richtige getroffen hatte und daß nun keine Bedenken mehr bestanden, der Regelung mit einigen Abänderungen eine reichsgesetzliche Grundlage zu geben.

Die 12. Durchführungsverordnung zum AOG.

Am 8. April 1935 erließ der Reichsarbeitsminister die 12. Verordnung zur Durchführung des Gesetzes zur Ordnung der nationalen Arbeit über Bildung und Aufgaben von Gesamthafenbetrieben*).

Diese Verordnung bildet seitdem die reichsgesetzliche Grundlage für die Organisation der Arbeit im Hafen Hamburg. Schon allein die Tatsache, daß die ursprünglich auf Grund freier Entschließung der beteiligten Wirtschaftskreise geschaffene und ausgestaltete Arbeitsorganisation nunmehr zum Gegenstand einer reichsgesetzlichen Regelung gemacht wurde, ist bemerkenswert, zeigt dies doch, welche Bedeutung die Reichsregierung dieser Organisation beimißt. Sie ist damit aus einer privatrechtlichen zu einer öffentlichrechtlichen Angelegenheit geworden und hat so die Festigkeit erhalten, die sie für eine erfolgreiche und dauernde Wirksamkeit braucht, und die ihr

---

*) Veröffentlicht im Reichsgesetzblatt Teil I, Nr. 40, S. 510.

durch den Zusammenschluß eines Privatvereins nicht in dem gleichen Maße gegeben werden konnte.

Man fragt sich dabei unwillkürlich, weshalb jetzt eine reichsgesetzliche Regelung vorgenommen ist, während früher diese Dinge der örtlichen Regelung überlassen waren. Dazu ist zu bemerken, daß früher bei der Selbständigkeit, die den Ländern im bundesstaatlichen Aufbau des Reiches geblieben war, diese Hafenfragen rein hamburgische Angelegenheiten waren, wie die Fragen des Bremer Hafens Angelegenheit des Staates Bremen und der preußischen Häfen des Staates Preußen. Ein Eingriff des Reiches wurde unter diesen Umständen dort niemals in Erwägung gezogen. Der hamburgische Staat wiederum überließ, wie es bei einem Gemeinwesen, das in jahrhundertelanger Tradition unter der Führung und Initiative des freien Uebersee-Kaufmanns geleitet wurde, nahe lag, diese Angelegenheiten der privatwirtschaftlichen Initiative der Beteiligten. Was auf diesem Wege im Rahmen des Möglichen geschaffen wurde, kann derjenige beurteilen, der sich die Mühe macht, die Geschichte des Hafenbetriebs-Vereins zu studieren.

Darüber aber kann kein Zweifel sein, daß man auf diesem Wege an der Grenze des Erreichbaren angelangt war, und daß auf der anderen Seite das auf diesem Wege Erreichte den Erfordernissen des Deutschlands Adolf Hitlers nicht genügte. Hier mußte der Weg der Organisation der Arbeit in Auswirkung des ganzen Ideenkreises nationalsozialistischer Weltanschauung und insbesondere des daraus resultierenden Gesetzes zur Ordnung der nationalen Arbeit zwangsläufig aus dem privatwirtschaftlichen Gebiet auf das Gebiet staatlicher Ordnung führen. Und da zu gleicher Zeit die staatliche Einheit des Reiches immer mehr auf allen Gebieten der Verwaltung verwirklicht wurde, so ergab sich wiederum von selbst, daß die Regelung nicht zu einer Angelegenheit der Länder, sondern des Reiches wurde. Es kam hinzu, daß sie sich einheitlich auf den ganzen Hafen Hamburg, also auch auf die preußischen Häfen Altona und Harburg-Wilhelmsburg, erstrecken mußte. Die zweckentsprechende Mitwirkung der beteiligten Wirtschaftskreise wurde dabei nach den Vorschlägen des Vorstandes des Hafenbetriebs-Vereins gewährleistet.

Auch in anderen Staaten gibt es Beispiele für das Eingreifen der zentralen Landesregierung in diese lebenswichtigen Hafenfragen. Es sei nur an Antwerpen erinnert, wo im Jahre 1929 unter der Führung des Staates eine Organisation der Arbeit nach dem Hamburger Muster durchgeführt wurde. Damals erschien der Gouverneur der Provinz Antwerpen und der Bürgermeister der Stadt Antwerpen, um sich beim Hafenbetriebs-Verein in Hamburg über die hier getroffenen Einrichtungen zu informieren. Es wurde in Antwerpen für die Organisation der Arbeit und die Festsetzung der Arbeitsbedingungen das „Comité National du Port d'Anvers" eingesetzt, dessen Mitglieder und Vorsitzender vom Minister für Wirtschaft und Arbeit ernannt wurden. Man ging also damit in Antwerpen einen Schritt weiter und griff damals bereits von seiten der zentralen Staatsregierung in die Organisation der Hafenarbeit ein, wie die Entwicklung gezeigt hat, nicht zum Schaden des Hafens und des Landes. Es erhellt aus diesen Vorgängen, welche Bedeutung ein Land wie Belgien seinem größten Hafen in bezug auf eine geregelte Arbeitsorganisation beimißt.

Dieselbe Bedeutung wie der Hafen von Antwerpen für Belgien hat der Hafen Hamburg für Deutschland. Der Hafen Hamburg ist in seiner Bedeutung ein außerordentlich wichtiges Instrument der deutschen Volkswirtschaft und damit des Reiches.

Durch die reichsgesetzliche Regelung ist der Gestaltung der Organisation der Arbeit in den deutschen Häfen eine feste Umgrenzung gegeben, an der der Widerstreit persönlicher Meinungen endet. Mit ihrem Erlaß beginnt ein neuer Abschnitt in der Geschichte dieser Organisation. Das ist den am Hamburger Hafen Beteiligten vielfach nicht so deutlich geworden, weil sich der Uebergang in der Praxis allmählich und in organischer Fortentwicklung des Bestehenden vollzog. Gerade deshalb aber muß der Unterschied hier mit besonderer Deutlichkeit unterstrichen werden.

Die Verordnung ermächtigt die Treuhänder der Arbeit, anzuordnen, daß sämtliche Betriebe eines deutschen Hafens, die Hafenarbeiter beschäftigen (Hafeneinzelbetriebe), insoweit als ein einheitlicher Betrieb (Gesamthafenbetrieb) gelten, als es zur Anwendung des Gesetzes zur Ordnung der nationalen Arbeit auf den Gesamthafenbetrieb und zur ordnungsmäßigen Verteilung der Gefolgschaft des Gesamthafenbetriebes auf die Arbeitsplätze erforderlich ist.

Von dieser Ermächtigung hat der Treuhänder der Arbeit für das Wirtschaftsgebiet Nordmark Gebrauch gemacht und durch seine Anordnung vom 7. September 1935*) die Bildung des Gesamthafenbetriebes des Hafens Hamburg vorgenommen. Damit war die von ihm getroffene vorläufige Regelung, mit der bis dahin, so gut es ging, gearbeitet worden war, beendet.

Der Begriff „Hafenbetriebsgemeinschaft", der durch die vorläufige Anordnung neben dem Gesamthafenbetrieb eingeführt war und dem immer noch etwas Vereinsmäßiges anhaftete, kam nun in Fortfall. Es genügte, die Hafeneinzelbetriebe unter dem Begriff „Gesamthafenbetrieb" zusammenzufassen. „Die Hafeneinzelbetriebe des Hafens Hamburg", so heißt es in der Anordnung vom 7. September 1935, „bilden als Gesamthafenbetrieb einen Betrieb im Sinne des § 1 des Gesetzes zur Ordnung der nationalen Arbeit."

Der „Gesamthafenbetrieb" ist also nicht ein Verein oder eine andere willkürliche Zusammenfassung, sondern ein in seiner bereits bestehenden Zusammengehörigkeit durch Hoheitsakt festgestellter

---

*) Abdruck im Anhang S. 94.

Personenkreis, für den hinsichtlich der Durchführung des AOG. bestimmte gesetzliche Regelungen getroffen sind. Er ist keine juristische Person. Er wird repräsentiert durch den Führer des Gesamthafenbetriebes. Als Führer des Gesamthafenbetriebes, der vom Treuhänder der Arbeit berufen ist, wurde der bisherige Träger des Amtes bestätigt. Die laufenden Verwaltungsarbeiten werden durch ein besonderes Verwaltungsorgan erledigt. Als Verwaltungsorgan wurde die Gesamthafenbetriebs-Gesellschaft m. b. H. bestellt.

Der Führer des Gesamthafenbetriebes

Das Amt des Führers des Gesamthafenbetriebes ist besonderer Art und unterscheidet sich von der Stellung eines privatwirtschaftlichen Betriebsführers. Das ergibt sich daraus, daß wirtschaftlich selbständige Betriebe den Gesamtbetrieb bilden, sowie aus der Form und der Art, in der die Bestellung des Führers des Gesamthafenbetriebes erfolgt.

Die Durchführungsverordnung bestimmt, daß das Amt des Führers des Gesamthafenbetriebes ein Ehrenamt ist. Je nach der Größe des Hafens und dem sich daraus ergebenden Arbeitsbereich wird der Umfang der Inanspruchnahme des Führers des Gesamthafenbetriebes verschieden groß sein. In keinem Falle aber kann das Amt ein besoldetes Amt sein. Immer also muß — und das ist der wesentliche Grund dafür, daß das Amt als Ehrenamt bestimmt wurde — die Persönlichkeit, die dieses Amt versieht, sich in einer von dem Gesamthafenbetrieb selbst unabhängigen Lebensposition befinden.

Die Notwendigkeit für die Unabhängigkeit des Führers des Gesamthafenbetriebes von den zum Gesamthafenbetrieb gehörenden Hafeneinzelbetrieben ergibt sich daraus, daß dem Führer des Gesamthafenbetriebes nach der Durchführungsverordnung die Befugnis übertragen ist, den Hafeneinzelbetrieben Anordnungen zu geben und alles Nähere über die Verteilung und die Tragung der durch die Erfüllung der gesamtbetrieblichen Aufgaben entstehenden Kosten zu bestimmen.

Die Unabhängigkeit von den Hafeneinzelbetrieben erfordert es auch, daß der Führer des Gesamthafenbetriebes nicht an den wirtschaftlichen Erfolgen eines Hafeneinzelbetriebes irgendwie, sei es durch persönliche Beteiligung, sei es durch berufliche Bindungen, interessiert ist. Er muß unbeeindruckt von den besonderen Erwägungen eines Einzelbetriebes bleiben, um jederzeit, gewissermaßen intuitiv, seine Maßnahmen unter dem Gesichtspunkt einer neutralen, allen Hafeneinzelbetrieben gleichmäßig gerecht werdenden Entscheidung zu treffen. Ein Inhaber oder Leiter eines Hafeneinzelbetriebes wird diesen Erfordernissen schwerlich entsprechen können. Bei diesen Erwägungen werden auch die besonderen örtlichen Verhältnisse, insbesondere die Größe des Hafens, in Betracht gezogen werden müssen und in den einzelnen deutschen Häfen zu verschiedenen Folgerungen führen können. So läßt es sich denken, daß in kleineren Häfen, in denen die Ausübung des praktischen Hafenbetriebes ausschließlich durch eine dafür gebildete staatliche oder halbstaatliche Gesellschaft erfolgt, der Leiter dieser Gesellschaft gleichzeitig das Amt eines Führers des Gesamthafenbetriebes ausübt. Hier liegen die Verhältnisse wesentlich einfacher als in den großen Häfen, wie beispielsweise in Hamburg oder Bremen, wo die privatwirtschaftliche Betätigung von Hafeneinzelbetrieben sich in einem so außerordentlich umfangreichen und vielseitigen Maße erhalten hat.

Auch die ganze Art des Amtes, das mit dem Charakter behördlicher Verantwortung ausgestattet ist, macht eine unabhängige Stellung des Führers des Gesamthafenbetriebes von den seiner Befugnis unterstellten Hafeneinzelbetrieben erforderlich. Verantwortlich für die Ausübung seiner Tätigkeit ist der Führer des Gesamthafenbetriebes unmittelbar dem Treuhänder der Arbeit, der ihn bestellt, und dadurch wieder mittelbar dem Reichsarbeitsminister. Die Bestellung der Persönlichkeit, die dieses Amt ausüben soll, beruht also auf einem Hoheitsakt der Reichsregierung. Er trägt daher eine öffentlichrechtliche, nicht privatrechtliche Verantwortung. Die Auswahl der Persönlichkeit ist vorbehaltlos der Entschließung der zuständigen Reichsdienststelle, dem Treuhänder der Arbeit, überlassen. Er wird sich, wie es sich aus der ganzen Art des Amtes ergibt, bei seiner Entschließung neben der Berücksichtigung von Zweckmäßigkeitsfragen in erster Linie von der Vertrauensfrage leiten lassen. Der Charakter als Ehrenamt bringt es mit sich, daß die Ausübung durch den jeweiligen Träger desselben jederzeit beendet werden kann, sei es durch Abberufung seitens des Treuhänders der Arbeit, sei es durch den Rücktritt des Trägers. Durch den öffentlichrechtlichen Charakter des Amtes ist die Einflußnahme der Reichsregierung sichergestellt.

Alle diese Momente zeigen die besondere Eigenart und die wesentlichen Unterschiede zwischen der Stellung des Führers des Gesamthafenbetriebes und der Stellung eines privatwirtschaftlichen Betriebsführers. Man versteht das Amt des Führers des Gesamthafenbetriebes wohl am besten an der Analogie eines großen Betriebes mit vielen Unterabteilungen, nur daß sich in diesem Falle die zentrale Führung auf ein bestimmtes Tätigkeitsgebiet beschränkt und sich im übrigen die freie wirtschaftliche Betätigung der einzelnen Glieder, einschließlich der betrieblichen Ausführung der Arbeit, vollkommen selbständig, wie in anderen Gewerben auch, vollzieht.

Zu Anfang der Neuordnung wurde die Ansicht geäußert, es handele sich bei dem Amt um eine „Vertretung" der „unständigen

Hafenarbeiter" gegenüber den Hafeneinzelbetrieben, gewissermaßen also nach Art der früheren Gewerkschaften. Daß diese Auffassung ganz abwegig ist, wird jedem einleuchten, der die Zusammenhänge kennt oder durch das Studium dieser Schrift kennen lernt. Die mißverständliche Auffassung ist wohl darauf zurückzuführen, daß dem Führer des Gesamthafenbetriebes als besondere Aufgabe die Sorgepflicht des Betriebsführers nach dem AOG. übertragen ist, und er zur Durchführung dieser Aufgaben den Hafeneinzelbetrieben Auflagen machen muß. Die Gedankenrichtung, daß derjenige, der für das Wohl der Arbeiterschaft sorgt, ein Interessenvertreter, also eine Art Gewerkschaftler ist, gehört in Deutschland einer vergangenen Zeit an. Jeder Betriebsführer trägt heute diese Verpflichtung in sich selbst und hat, wenn man es so will, damit die frühere gewerkschaftliche Wahrung der Interessen der Arbeiter in seine Verantwortlichkeit übernommen. Es ist aber ein ganz anderer Gesichtspunkt, unter dem diese Sorge ausgeübt wird, nämlich der Gesichtspunkt der Führertreue gegenüber der Gefolgschaftstreue.

Nach diesen Erläuterungen des Amtes des Führers des Gesamthafenbetriebes seien seine Aufgaben nun nochmals zusammenfassend wiederholt. Er führt die Zusammenfassung sämtlicher Hafeneinzelbetriebe und der gesamten Hafenarbeiterschaft in der Betriebsgemeinschaft des Gesamthafenbetriebes durch und gibt innerhalb des Gesamthafenbetriebes die dazu erforderlichen Anordnungen an Hafeneinzelbetriebe und Hafenarbeiterschaft. Er regelt und überwacht die Einstellung und Entlassung von Hafenarbeitern bei Hafeneinzelbetrieben und beim Gesamthafenbetrieb nach Maßgabe der Durchführungsbestimmungen über die Arbeitskarten. Er regelt die Bedingungen und die Durchführung der Betriebszugehörigkeit der Gesamthafenarbeiter — worunter die nicht im Hafeneinzelbetrieb, sondern im Gesamthafenbetrieb eingestellten Hafenarbeiter zu verstehen sind — zum Gesamthafenbetrieb, sowie ihre Einteilung zur Arbeit in den Hafeneinzelbetrieben. Er sorgt für das Wohl der Gesamthafenarbeiter als Gefolgschaft des Gesamthafenbetriebes. Er trifft die näheren Bestimmungen über die Verteilung und Tragung der Kosten durch die Hafeneinzelbetriebe für die Erfüllung der gesamtbetrieblichen Aufgaben.

Zu dem Aufgabengebiet des Führers des Gesamthafenbetriebs gehört nicht die Festsetzung der sonstigen Arbeitsbedingungen, insonderheit nicht der Lohnbedingungen, die, wie in jedem anderen Gewerbe, sofern eine einheitliche Regelung nötig ist, durch den Treuhänder der Arbeit erfolgt. Ebenso wenig gehört dazu die Regelung von Streitigkeiten, die sich aus dem Arbeitsverhältnis bei den Hafeneinzelbetrieben ergeben. Dieses Aufgabengebiet gehört, sowohl für Unternehmer wie für Gefolgschaftsangehörige, den Rechtsberatungsstellen der Deutschen Arbeitsfront und dem Hafenschiedsgericht.

Die Abtrennung dieser beiden Aufgabengebiete, die sich aus der Neuordnung der nationalen Arbeit ergibt, ist für die Beurteilung der Verantwortlichkeit des Führers des Gesamthafenbetriebes gegenüber der Hafenarbeiterschaft wichtig. Er ist nicht verantwortlich für das, was sich in einem Einzelbetrieb in der Zusammenarbeit mit der Arbeiterschaft auf diesem Aufgabengebiet vollzieht.

Die Verantwortung hierfür ist durch das Gesetz zur Ordnung der nationalen Arbeit jedem einzelnen Betriebsführer persönlich für die bei ihm tätigen Volksgenossen auferlegt, sowohl hinsichtlich der Sorge bei der Arbeit, als auch hinsichtlich etwaiger sich daraus ergebender Meinungsverschiedenheiten und Lohnstreitigkeiten. Die Verantwortung ist den Betriebsführern der Hafeneinzelbetriebe also, um es ganz klar und deutlich auszusprechen, nicht durch die Bestellung eines Führers des Gesamthafenbetriebes abgenommen, auch nicht für die bei ihnen beschäftigten Gesamthafenarbeiter.

Abgenommen ist den Hafeneinzelbetrieben lediglich die Sorgepflicht für die Gesamthafenarbeiter, soweit es sich um die außerhalb der eigentlichen Arbeitszeit zu erfüllende betriebliche Sorgepflicht handelt. Diese Sorgepflicht ist es, die dem Führer des Gesamthafenbetriebes übertragen ist, und nur in diesem Rahmen hat er die Verantwortung gegenüber der Gefolgschaft des Gesamthafenbetriebes.

Der Führer des Gesamthafenbetriebes erläßt zur Durchführung seiner Aufgaben eine Betriebsordnung für den Gesamthafenbetrieb und bindende Anordnungen für die Hafeneinzelbetriebe, die Gefolgschaft der Hafeneinzelbetriebe und die Gesamthafenarbeiter.

Infolgedessen gehört seine Tätigkeit nicht den Interessen einer dieser Gruppen ausschließlich. Vielmehr müssen sie alle von ihm in ihren Belangen berücksichtigt werden. Seinem Geschick und seiner Verwaltungskunst ist es überlassen, durch seine Führung alle Teile zufrieden zu stellen. Dazu gehört ein hohes Maß von Sachkenntnis, praktischer Erfahrung, Gerechtigkeit, Energie, Verantwortungsfreudigkeit, Beharrlichkeit, Selbstbeschränkung, sowie klarer Erkenntnis und Abwägung der Wirtschaftsnotwendigkeiten und Sozialnotwendigkeiten und nicht zuletzt der Staatsnotwendigkeiten. Vor allem gehört dazu ein Herz, das auf dem rechten Fleck sitzt, denn auch hier gilt Goethes Wort: „Doch werdet ihr nie Herz zu Herzen schaffen, wenn es euch nicht von Herzen geht."

Die Gesamthafenbetriebs-Gesellschaft m. b. H.

Zur Durchführung seiner Aufgaben muß dem Führer des Gesamthafenbetriebes ein ausreichender, eingearbeiteter Verwaltungsapparat zur Verfügung stehen. Die 12. Durchführungsverordnung bestimmt deshalb, daß der Treuhänder der Arbeit die Erledigung der laufenden Verwaltungsarbeiten einer dafür geeigneten Körperschaft oder Organisation übertragen kann. Diese Bestimmung wurde so allgemein gehalten, daß sie ausreichenden Spielraum läßt, um für jeden Hafen eine Lösung zu ermöglichen, die seiner Eigenart und seinen besonderen örtlichen Verhältnissen angepaßt ist. Gedacht war hierbei auch daran, daß man die bestehenden Organisationen dazu heranzog oder doch auf ihnen in irgend einer Weise aufbaute, denn es sollten natürlich die Erfahrungen, Kenntnisse und Einrichtungen, die zu diesem Zwecke bereits vorhanden waren, genutzt werden. So kann in jedem deutschen Hafen bei der Uebertragung der Verwaltungsarbeiten so verfahren werden, wie es für den betreffenden Hafen am zweckmäßigsten ist.

So verschieden die Verhältnisse aber auch liegen mögen, gibt es doch einige Gesichtspunkte, die Anspruch auf allgemeinere Gültigkeit machen können, weil hier der Kern dessen liegt, was aus der Neuregelung erwachsen soll. Es sind die Gesichtspunkte, die überhaupt bestimmend für die Neuregelung sind und durch deren Anwendung sich diese vor allem von dem unterscheidet, was vordem bestand und was heute noch in den ausländischen kontinentalen Nordseehäfen besteht. Deshalb ist es für diejenigen, die den Sinn der Neuregelung richtig verstehen und in ihrem Bereiche durchführen wollen, wichtig, sich diese Gesichtspunkte zu eigen zu machen.

Auch hier ist das Gesetz zur Ordnung der nationalen Arbeit und die Aufgabe, es im Hafenbetrieb durchzuführen, bestimmend gewesen. Das Gesetz will dem Arbeiter, wie schon an früherer Stelle ausgeführt, eine Heimat in dem Betrieb, in dem er arbeitet, geben, sowohl zur Sicherung seiner Existenz, wie zur Hebung seiner menschlichen und staatsbürgerlichen Anteilnahme am Gedeihen der Volkswirtschaft. Die richtige Anwendung des Gesetzes auf die Gesamthafenarbeiter setzt daher voraus, daß die mit den Verwaltungsarbeiten des Gesamthafenbetriebes betraute Organisation oder Körperschaft ein betriebliches Gebilde ist. Ein Verein ist seinem Wesen und seiner Struktur nach nicht in der Lage, eine betriebliche Heimat zu geben, denn man kann nicht das Schicksal von vielen tausenden von Menschen und ihren Angehörigen von den wechselnden Einflüssen und der losen Bindung eines Vereins anderer Menschen abhängig machen, wenn man es so sichern will, wie das Gesetz zur Ordnung der nationalen Arbeit es bezweckt.

Aus diesen Erwägungen heraus machte in Hamburg der Führer des Gesamthafenbetriebes Anfang 1935 den Vorschlag, der Hafenbetriebs-Verein solle die Ausübung seiner betrieblichen Tätigkeit auf eine zu diesem Zweck zu bildende Betriebs-Gesellschaft übertragen. Daraufhin wurde am 15. März 1935 die Gesamthafenbetriebs-Gesellschaft m. b. H. gebildet, der der Treuhänder der Arbeit am 7. 9. 35 die laufenden Verwaltungsarbeiten des Gesamthafenbetriebes übertrug, nachdem inzwischen bereits der praktische Betrieb vom Hafenbetriebs-Verein auf diese Gesellschaft unter Uebernahme des Personals und der Einrichtungen überführt war.

Selbst wenn man den Begriff des Gesamthafenbetriebes noch als eine Fiktion ansehen will, so ist jedenfalls für die Betriebszugehörigkeit der Gesamthafenarbeiter zum Gesamthafenbetrieb durch die Bildung der Gesamthafenbetriebs-Gesellschaft ein wirklicher Betrieb und damit die Möglichkeit geschaffen, daß die Gesamthafenarbeiter feste Arbeiter der Gesamthafenbetriebs-Gesellschaft m. b. H. werden konnten, so daß sie bei dieser Gesellschaft ihre betriebliche Heimat haben. Das ist der große Unterschied mit dem früheren Zustand und mit anderen Häfen, in denen dies bisher nicht durchgeführt ist. Daraus ergibt sich alles Weitere für die Gestaltung des betrieblichen Schicksals dieser Arbeiter.

Diese Lösung läßt sich durchaus auch in den Häfen anderer Länder, die kein Gesetz zur Ordnung der nationalen Arbeit haben, durchführen, wenn man sich dazu entschließt, aus dem Stamm der unständigen Hafenarbeiter feste Arbeiter einer Gesellschaft zu machen und die sich daraus ergebenden Konsequenzen auf sich zu nehmen. Wenn vor dreißig Jahren die erste Organisation der Arbeit durch den Hafenbetriebs-Verein in Hamburg in den Häfen anderer Länder Schule machte, so ist es möglich, daß dies jetzt wieder der Fall sein wird. Sicherlich werden diese Ausführungen in allen Ländern mit Häfen von Weltruf studiert und wird die neue Organisation auf ihre Anwendbarkeit geprüft werden; denn das, was hier geschaffen wurde, ist die einzige Möglichkeit für eine dauernde Befriedung der Häfen. Man erinnere sich an die Zustände im Hafen von San Francisco im Jahre 1934, die fast in einen Bürgerkrieg ausarteten, und man wird erkennen, daß derartiges nicht möglich ist bei einer Organisation der Arbeit, wie sie jetzt in Hamburg besteht. Diese Erkenntnis werden die folgenden Abschnitte über den Inhalt, die Durchführung und das Arbeiten der Organisation vermitteln. Den ausländischen kontinentalen Nordseehäfen, insbesondere Rotterdam und Amsterdam, sind die Grundgedanken dieser Organisation vollkommen vertraut, denn vieles, was hier in den dem Hafenbetriebs-Verein ähnlichen Organisationen durchgeführt ist, geht schon stark in das betriebliche Gebiet über, wenn auch noch nicht die letzte Konsequenz gezogen ist. Es ist etwas anderes, ob nur der Arbeitsmarkt und die Arbeitsverteilung geregelt oder ob ein Betrieb gebildet ist[*]).

Hafeneinzelbetriebe und Hafenarbeiter mögen sich also nun klar sein, daß es in Hamburg unständige Hafenarbeiter nicht mehr gibt. Damit ist das Problem der Unständigkeit in Hamburg ein für allemal

---

[*]) Beachtlich hierfür ist auch der im Juni 1936 in Antwerpen ausgebrochene Hafenarbeiterstreik.

gelöst. Möge man nie in den alten Zustand zurückfallen. Das wäre ein großer Rückschritt.

Die Gesamthafenbetriebs-Gesellschaft m. b. H. bezweckt nach dem Gesellschaftsvertrag die Uebernahme und Durchführung der laufenden Verwaltungsarbeiten des auf Grund der 12. Verordnung zur Durchführung des Gesetzes zur Ordnung der nationalen Arbeit durch Anordnung des Treuhänders der Arbeit für das Wirtschaftsgebiet Nordmark vom 7. September 1935 für den Hafen Hamburg gebildeten Gesamthafenbetriebes. Sie übt ihre Tätigkeit nicht auf Grund von Beschlüssen der Gesellschafter, sondern auf Anweisung des Führers des Gesamthafenbetriebes aus.

Die Gesellschaft ist kein Erwerbsunternehmen, sondern wird als gemeinnütziges Unternehmen zur Ordnung des Gesamthafenbetriebes und der sozialen Gestaltung im Hafen Hamburg geführt.

Eine Gewinnverteilung auf das Gesellschaftskapital ist ausgeschlossen und die Gesellschafter haben im Falle einer Liquidation nur Anspruch auf Rückzahlung des eingezahlten Gesellschaftskapitals. Die Verwendung des darüber hinaus vorhandenen beweglichen oder unbeweglichen Vermögens für gleiche oder ähnliche Zwecke des Gesamthafenbetriebes des Hafens Hamburg ist durch eine entsprechende Bestimmung im Gesellschaftsvertrag sichergestellt, denn es ist natürlich ausgeschlossen, daß die aus dem Gesamthafenbetrieb auf Grund der öffentlich-rechtlichen Verpflichtungen aufkommenden Gelder in das Vermögen der Gesellschafter eingehen. Die Gesamthafenbetriebs-Gesellschaft verwaltet diese Gelder treuhänderisch für den Gesamthafenbetrieb. Zur Aufsicht über die Finanzverwaltung ist unbeschadet des Aufsichtsrechts des Treuhänders der Arbeit und der Beaufsichtigung durch den Führer des Gesamthafenbetriebes noch ein Aufsichtsrat gebildet, der aus mindestens sieben Personen besteht und der sich aus Führern von Hafeneinzelbetrieben sowie Vertretern der Gesellschafter zusammensetzt. Der Aufsichtsrat hat also die Aufgabe, die ordnungsgemäße Verwaltung der Gelder zu überwachen, die der Gesellschaft auf Grund der Kostenregelung des Führers des Gesamthafenbetriebes zufließen. Die Tätigkeit der Mitglieder des Aufsichtsrates ist ehrenamtlich. Für die Gesamthafenbetriebs-Gesellschaft sind zwei verantwortliche Geschäftsführer bestellt.

Die Anweisungen für ihre Tätigkeit erhält sie durch die vom Führer des Gesamthafenbetriebes erlassene Betriebsordnung*) oder dessen sonstige Anordnungen. Sie ist für die ordnungsgemäße Erledigung ihrer Aufgaben dem Führer des Gesamthafenbetriebes und durch ihn dem Treuhänder der Arbeit verantwortlich.

Im übrigen sind die Beziehungen der Gesamthafenbetriebs-Gesellschaft zu den Gesellschaftern so geregelt, daß sie in der selb-

---

*) Vergl. S. 51.

ständigen Durchführung von Aufgaben nicht von irgendwelchen geschäftlichen Erwägungen der Gesellschafter abhängig ist.

Die Gesamthafenbetriebs-Gesellschaft ist also nicht Beauftragter eines Hafeneinzelbetriebes oder eine vereinsmäßige Zusammenfassung der Hafeneinzelbetriebe, sondern ein Verwaltungsbetrieb, der die Gesamtheit der Hafeneinzelbetriebe und gleichzeitig die Autorität des vom Treuhänder der Arbeit bestellten Führers des Gesamthafenbetriebes repräsentiert. Die Gefolgschaft der Gesamthafenbetriebs-Gesellschaft bilden die für die Durchführung der Verwaltungsaufgaben erforderlichen Angestellten und die Gesamthafenarbeiter.

Die Geschäftsführer der Gesamthafenbetriebs-Gesellschaft m. b. H. sind nicht nur die gesetzlichen Betriebsführer dieser Gesellschaft, sondern außerdem noch vom Führer des Gesamthafenbetriebes mit seiner Stellvertretung betraut.

Die Aufbringung der Kosten

Die 12. Durchführungsverordnung zum AOG. bestimmt, daß die Hafeneinzelbetriebe verpflichtet sind, die aus der Betriebsführung des Gesamthafenbetriebes entstehenden Kosten anteilig zu tragen. Ebenso haben sie die Kosten für die Gewährung des Urlaubs der Gesamthafenarbeiter oder sonstiger sozialer Einrichtungen für diese zu tragen. Das Nähere über die Verteilung und Tragung der Kosten bestimmt der Führer des Gesamthafenbetriebes. Allgemeine Bestimmungen dieser Art bedürfen der Zustimmung des Treuhänders der Arbeit.

Auf Grund dieser Bestimmungen hat der Führer des Gesamthafenbetriebes zunächst folgende Regelung getroffen:

Die für den Gesamthafenbetrieb aufzubringenden Kosten werden durch Umlage aufgebracht. Die Hafeneinzelbetriebe tragen dazu im Verhältnis ihrer Beteiligung am Gesamthafenbetrieb bei. Die Beteiligung wird, soweit nicht eine andere Bemessung angebracht ist, an der Bruttolohnsumme der mit einer Arbeitskarte versehenen Hafeneinzelbetriebsarbeiter — das sind die früher als „feste Arbeiter" bezeichneten Hafenarbeiter — und der von einem Hafeneinzelbetrieb beschäftigten Gesamthafenarbeiter bemessen.

Für die Hafeneinzelbetriebsarbeiter wird die wöchentliche Bruttolohnsumme eines Hafeneinzelbetriebes in der Weise errechnet, daß die Zahl seiner Hafeneinzelbetriebsarbeiter mit der Höchstarbeitszeit von wöchentlich fünf Schichten und einem Einheitslohn multipliziert wird. Der Einheitslohnsatz ist gleich dem Grundlohn (Lohn der I. Schicht im Stauereibetrieb) zuzüglich 0,40 RM. Abgeltung für Schichtaufschläge, Schmutzgelder, Zuschlagslöhne, Aufschlag für Kranführer, Vorarbeiter und Vizen usw. Für Lehrlinge und jugendliche Arbeiter bis zu 18 Jahren wird ein Drittel des Einheitslohnsatzes berechnet. Ein Hafeneinzelbetriebsarbeiter wird bei der Errechnung der Lohnsumme so lange berücksichtigt, bis der Hafeneinzelbetrieb ihn der Gesamthafenbetriebs-Gesellschaft m. b. H. als entlassen gemeldet hat.

Auf die errechnete Bruttolohnsumme wird der festgesetzte Beitragsprozentsatz berechnet und darüber den Hafeneinzelbetrieben von der Gesamthafenbetriebs-Gesellschaft m. b. H. monatlich Rechnung erteilt. Der auf die Lohnsumme der Hafeneinzelbetriebsarbeiter zu erhebende Beitrag ist auf ½ % festgesetzt.

Für die Gesamthafenarbeiter wird auf die an der Lohnkasse der Gesamthafenbetriebs-Gesellschaft ausgezahlte Bruttolohnsumme bei jeder Lohnabrechnung ein Prozentsatz berechnet, der die Verwaltungskosten sowie die dem Hafeneinzelbetrieb für die Gesamthafenarbeiter obliegenden Sozialleistungen einschließt. Die Gesamthafenarbeiter werden demzufolge den Hafeneinzelbetrieben frei von Sozialleistungen gestellt. Nicht inbegriffen ist der Beitrag für die Berufsgenossenschaft.

Der auf die Lohnsumme der Gesamthafenarbeiter zu erhebende Beitrag ist für Hamburg auf 12,9 % festgesetzt. Er ermäßigt sich für den Akkordlohn in Harburg und im Bunkereibetrieb auf 10 %.

In der Berufsgruppe „Hafenschiffahrt" wird der Unkostenbeitrag nicht nach der Lohnsumme, sondern nach der Anzahl und Größe der Hafenfahrzeuge (Schlepper und Barkassen) berechnet und vierteljährlich erhoben.

Die Aufbringung dieser Kosten ist eine öffentlich-rechtliche Verpflichtung der Hafeneinzelbetriebe. Es handelt sich dabei nicht um Beitragszahlungen an die Gesamthafenbetriebs-Gesellschaft m. b. H., sondern um Betriebsunkosten der Hafeneinzelbetriebe, die nicht im Hafeneinzelbetrieb selbst, sondern bei der Gesamthafenbetriebs-Gesellschaft m. b. H., wo sie innerhalb des Gesamthafenbetriebes zusammenfließen, zur Ausgabe gelangen. Diese Gelder gehen nicht in das Vermögen der Gesamthafenbetriebs-Gesellschaft m. b. H. ein, sondern werden von ihr, wie schon erwähnt, treuhänderisch verwaltet. Die Gesamthafenbetriebs-Gesellschaft m. b. H. bezahlt daraus die Krankenversicherung, die Arbeitslosenversicherung, die Invalidenversicherung, die Gehaltsummensteuer, den Urlaub nebst aller für die Sorge um das soziale Wohl der Gesamthafenarbeiter vom Führer des Gesamthafenbetriebes genehmigten Aufwendungen, sowie die Kosten ihrer Verwaltung.

Die Erhebungsart entspricht der der Versicherungsträger, die den größten Teil der Kosten erhalten. Die Heranziehung der Lohnsummen der Hafeneinzelbetriebsarbeiter ist dadurch bedingt, daß die Gesamthafenbetriebs-Gesellschaft m. b. H. durch die Kartenausgabe und Kontrollen auch für diese erhebliche Verwaltungsarbeiten zu leisten hat. Der auf ½ % festgesetzte Satz ist dabei so niedrig gehalten, daß das Aufkommen daraus noch nicht 10 % der Verwaltungskosten deckt.

Außerdem wird von der Seeschiffahrt, die selbst nicht zum Gesamthafenbetrieb gehört, eine Subvention für die Erfüllung der Aufgaben des Gesamthafenbetriebes geleistet.

Die Seeschiffahrt und der Gesamthafenbetrieb

Wenn auch die Seeschiffahrtsbetriebe als solche selbst nicht zum Gesamthafenbetrieb des Hafens Hamburg gehören, so besteht doch bei der überragenden Bedeutung, die die Seeschiffahrt für einen Seehafen hat, ein enger Zusammenhang mit der Organisation der Hafenarbeit. Die Seeschiffahrt ist es, die einem Seehafen Leben gibt, indem sie dort ihre Schiffe anlaufen läßt. Sie verlangt dafür mit Recht, daß der Seehafen in allen seinen Teilen und Funktionen so organisiert ist, wie es die rasche und ordnungsgemäße Abfertigung ihrer Schiffe erfordert. Dazu gehört nicht zuletzt die Organisation der Arbeit. Die Seeschiffahrt hat das größte Interesse daran, daß diese reibungslos arbeitet, und daß in einem Seehafen geordnete Verhältnisse herrschen. Deshalb waren es gerade die Reeder, die zu Anfang des Jahrhunderts in Hamburg dazu übergingen, durch Schaffung des Hafenbetriebs-Vereins Ordnung in den Hafen zu bringen. Die große Aufgabe der Reederei, Seeschiffahrt zu betreiben, sollte nicht länger durch die Verfolgung von Sonderinteressen einzelner Hafenbetriebe gestört werden. Für sie war der höhere Gesichtspunkt maßgebend, daß ihre Schiffe jederzeit einen ruhigen, ungestörten und geregelten Hafenbetrieb vorfanden. Unter diesem Gesichtspunkt schufen sie eine Organisation, die der Betätigung der Hafenunternehmer im Allgemeininteresse Beschränkungen auferlegte und sie einer Disziplin unterstellte.

Nach Abgabe des praktischen Betriebes an die Gesamthafenbetriebs-Gesellschaft m. b. H. mußte gesichert bleiben, daß der höhere, übergeordnete Gesichtspunkt der Seeschiffahrt auch weiterhin zur Geltung kommt. Durch die den Reedern gehörenden Hafenbetriebe, die zum Gesamthafenbetrieb gehören, wäre dies allein nicht in ausreichendem Maße möglich. Denn es liegt nahe, daß in diesen Betrieben die Dinge mehr unter dem engeren Gesichtspunkte eines Hafenbetriebes, z. B. eines Stauereibetriebes, als unter dem weiteren Gesichtspunkt des Reeders gesehen werden. Dieser Gesichtspunkt ist dadurch gewährleistet, daß die Seeschiffahrt weiterhin die Organisation des Gesamthafenbetriebes fördert. Sie tut dies durch den Hafenbetriebs-Verein, der in eine Gesellschaft zur Förderung des Gesamthafenbetriebes umgewandelt ist und zur Erreichung dieses Zweckes die deutschen Reeder und Schiffsmakler, sowie ausländische Reeder und Schiffsagenturen, die mit dem Hafen Hamburg in Verbindung stehen, zusammenfaßt. Die Förderung hat sich vor allem in der Gründung der Gesamthafenbetriebs-Gesellschaft m. b. H. und ihrer Ausstattung für den praktischen Betrieb gezeigt.

Im Aufsichtsrat der Gesamthafenbetriebs-Gesellschaft sind außer Hafenunternehmern auch Reeder führend beteiligt, wodurch dem Gesamthafenbetrieb die enge Verbindung mit der Seeschiffahrt erhalten bleibt. Weitere Förderung findet der Gesamthafenbetrieb durch die vom Hafenbetriebs-Verein zur Durchführung der Ansiedlung von Hafenarbeitern gegründete „Gesellschaft zur Förderung der Ansiedlung von Hafenarbeitern"*). Auch hat der tägliche Hafenbetrieb durch den Betrieb der dem Hafenbetriebs-Verein gehörenden Schiffsmeldedienst G. m. b. H., die von Cuxhaven und Brunsbüttelkoog die einkommenden und ausgehenden Schiffe meldet, eine wichtige Verbesserung erfahren, ohne die, um nur dies zu erwähnen, die Arbeitseinteilung im Gesamthafenbetrieb nicht so einwandfrei funktionieren könnte, wie es tatsächlich der Fall ist. Auch in der Weiterentwicklung des Hafens Hamburg wird diese fördernde Einstellung der Seeschiffahrt zum Hafen von großem Nutzen sein.

Die Hafeneinzelbetriebe

Nach der 12. Durchführungsverordnung zum Gesetz der nationalen Arbeit kann der Treuhänder der Arbeit nähere Bestimmungen darüber treffen, welche Betriebe als Hafeneinzelbetriebe im Sinne dieser Verordnung gelten und zum Gesamthafenbetrieb gehören. Der Treuhänder der Arbeit für das Wirtschaftsgebiet Nordmark hat demgemäß für Hamburg angeordnet, daß als Hafeneinzelbetriebe sämtliche Betriebe des Hafens Hamburg gelten, die Hafenarbeit ausführen und Hafenarbeiter beschäftigen. Die Hafeneinzelbetriebe haben ihre Aufnahme in eine vom Führer des Gesamthafenbetriebes zu führende Liste beim Führer des Gesamthafenbetriebes zu beantragen.

Zum Gesamthafenbetrieb gehören danach sämtliche Betriebe, in denen in folgenden Berufsgruppen Hafenarbeit, sei es als Hauptbetrieb oder als Nebenbetrieb, ausgeführt wird:

    Stauereibetrieb,
    Kai-Umschlagsbetrieb,
    Mechanischer Umschlagsbetrieb,
    Hafenumschlagsbetrieb im Binnenschiffahrtsverkehr,
    Lagerhausbetrieb,
    Speichereibetrieb,
    Ladungskontrollbetrieb,
    Wäger- und Kornumstecherbetrieb,
    Schiffsreinigungs-, Malerei- und Kesselreinigungsbetrieb,
    Bunkereibetrieb,

---

*) Vergl. Abschnitt „Die Hafensiedlung" S. 82.

Ewerführereibetrieb,
Schuteneigner,
Hafenschiffahrtsbetrieb,
Schleppdampfschiffs-Reedereibetrieb,
Motorschutenbetrieb,
Festmacherbetrieb,
Schiffsbewachungsbetrieb,
Hafen- und Lagerhausbetrieb Harburg.

Die Zugehörigkeit zum Gesamthafenbetrieb ist für die erfaßten Betriebe gesetzlicher Zwang, also nicht von der Entschließung eines Unternehmers abhängig. Maßgebend ist lediglich die Tatsache der Ausübung eines Hafeneinzelbetriebes. Die Zugehörigkeit zum Gesamthafenbetrieb wird nicht dadurch ausgeschlossen, daß ein Hafeneinzelbetrieb es unterläßt, die Aufnahme in die Liste zu beantragen. Er kann auf Grund der gesetzlichen Bestimmungen notfalls zwangsweise dazu angehalten werden, seine Aufnahme zu beantragen.

Die Eintragung in die Liste hat die Bedeutung einer Registrierung. Diese Registrierung ist erforderlich, damit jederzeit feststeht, welche Hafeneinzelbetriebe zum Gesamthafenbetrieb gehören und verpflichtet sind, die dafür erlassenen Bestimmungen und Anordnungen zu befolgen. Das ist bei der Vielseitigkeit des Hafenbetriebes und dem häufigen Wechsel in der Ausübung von Hafenbetrieben unerläßlich, um die Uebersicht nicht zu verlieren.

Wenn auch der Kreis der zum Gesamthafenbetrieb gehörenden Hafeneinzelbetriebe klar abgegrenzt ist, so entstehen doch Grenzfälle, bei denen es manchmal fraglich ist, ob die Zugehörigkeit zum Gesamthafenbetrieb gegeben ist oder nicht. Die Erfahrung hat aber gezeigt, daß selbst in einem so komplizierten Hafen, wie es der Hafen Hamburg ist, die Zahl dieser Grenzfälle verhältnismäßig klein und in ihrer Bedeutung unerheblich ist.

Man kann im Hafen Hamburg verschiedene Gruppen von Hafeneinzelbetrieben unterscheiden.

Da sind zunächst die reinen Hafeneinzelbetriebe in der Hand selbständiger Hafenunternehmer. Sie führen ausschließlich Hafenarbeit aus und sind in der Regel auf eine bestimmte Berufsgruppe, sei es den Stauereibetrieb, den Ewerführereibetrieb, Speichereibetrieb oder eine der anderen im Hafen vorkommenden Berufsgruppen, abgestellt. Hier finden wir vor allem die mittleren und kleineren Hafenbetriebe, die seit jeher den Berufsstand der Hafenunternehmer bildeten. Es ist eine besondere Eigenart des Hafens Hamburg, daß sich diese Gruppe von Hafeneinzelbetrieben in einem solchen Umfang erhalten hat, während sie in anderen Nordseehäfen, beispielsweise in Rotterdam, immer mehr durch die Bildung von Großbetrieben verdrängt wurde. Dies ansehnliche mittelständische Gewerbe gibt dem Hafen Hamburg ein besonderes Gepräge. Wesentlich hat zu dessen Erhaltung das Bestehen des Hafenbetriebs-Vereins beigetragen, der es durch seine Organisation der Arbeit ermöglichte, daß trotz Zersplitterung in kleine und kleinste Betriebe der reibungslose Ablauf der Hafenarbeit gewahrt blieb. So ging an ihnen die sonst unvermeidliche Aufsaugung durch Großbetriebe vorüber. Ein ähnlicher Schutz ist ihnen jetzt durch den Gesamthafenbetrieb gegeben.

Je geringer nun infolge des Verkehrsrückgangs die Verdienste dieser Betriebe wurden, desto mehr zeigte sich das Bestreben, auf andere Berufsgruppen im Hafen überzugreifen und sich Nebenbetriebe anzugliedern. Diese angegliederten Nebenbetriebe von Hafenunternehmern können wir als eine weitere Gruppe ansehen.

Zum dritten schuf sich die Seeschiffahrt selbständige Hafenbetriebe, sei es in Form stiller Beteiligung, offener Handelsgesellschaften oder Kapitalgesellschaften. Diese sogenannten Regiebetriebe wurden von den selbständigen Hafenunternehmern, soweit sie auf deren Tätigkeitsfeld arbeiteten, nicht gern gesehen.

Hinsichtlich des Kaibetriebes, auf den sich die Beteiligung der Reedereien im Hafen in erster Linie erstreckte, spielten diese Erwägungen keine Rolle, da die Hafenunternehmer davon nicht berührt wurden.

Auch Spediteure schufen sich eigene Hafenbetriebe und fielen insoweit als Auftraggeber der Hafenunternehmer aus. Die Hafeneinzelbetriebe der Spediteure können als eine vierte Gruppe angesehen werden.

Eine weitere Einengung erfuhr das Tätigkeitsgebiet der Hafenunternehmer dadurch, daß auch Industriefirmen und Kaufleute dazu übergingen, Hafenarbeit für ihren eigenen Bedarf selbst auszuführen. Diese meist in Form unselbständiger Betriebsabteilungen, aber auch als selbständige Firmen ausgeübten Hafeneinzelbetriebe bilden die fünfte Gruppe von Hafeneinzelbetrieben.

Schließlich ist dann noch zu erwähnen, daß Seeschiffahrt und Spediteure sich vielfach nicht auf das Gebiet einer Berufsgruppe des Hafenbetriebes beschränkten, sondern sich häufig ebenfalls eine Reihe von Nebenbetrieben verschiedener Berufsgruppen angliederten.

Alle diese am Hafenbetrieb beteiligten Betriebe sind, soweit sie Hafenarbeit ausführen, Hafeneinzelbetriebe des Gesamthafenbetriebes. Bei ihrer listenmäßigen Erfassung wird, wie schon erwähnt, unterschieden, ob ihre Tätigkeit in einem Hauptbetrieb oder einem Nebenbetrieb ausgeübt wird.

Eine Uebersicht über die Zusammensetzung der Hafeneinzelbetriebe nach dem Stand am 1. Januar 1936 ergibt sich aus der nachstehenden Tabelle:

Berufsgruppe	Selbständige Hafeneinzelbetriebe		Hafeneinzelbetriebe der Schiffahrt		Hafeneinzelbetriebe anderer Berufsgruppen						Gesamt
					Spedition		Handel		Industrie		
	Hauptbetriebe	Nebenbetriebe	Hauptbetriebe	Nebenbetriebe	Haupt-Betrieb	Nebenbetrieb	Hauptbetrieb	Nebenbetrieb	Hauptbetrieb	Nebenbetrieb	
1. Stauereibetrieb	35	1	11	7	—	—	1	2	—	1	58
2. Kai-Umschlagsbetrieb	9	—	9	3	—	—	1	—	—	—	22
3. Mech. Umschlagsbetrieb	14	2	2	1	—	2	2	2	—	—	25
4. Hafenumschlagsbetrieb im Binnenschiffahrtsverk.	4	—	2	3	1	—	—	1	—	1	11
5. Lagerhausbetrieb	23	6	2	—	—	12	2	15	—	1	61
6. Speichereibetrieb	106	4	—	3	1	22	—	35	—	4	175
7. Ladungskontrollbetrieb	41	12	2	18	—	14	—	5	—	1	93
8. Wäger- und Kornumstecherbetrieb	5	1	—	—	—	—	—	—	—	—	6
9. Schiffsreinig.-, Malerei u. Kesselreinigungsbetr.	32	1	2	4	—	—	—	—	—	—	39
10. Bunkereibetrieb	9	2	1	—	—	—	3	16	—	—	31
11. Ewerführereibetrieb	88	13	3	10	2	9	1	23	—	10	159
11a. Schuteneigner	29	—	—	—	—	—	—	—	—	—	29
12. Hafenschiffahrtsbetrieb	125	55*)	3	26*)	2	10*)	1	60**)	—	19*)	301
13. Schleppdampfschiffs-Reedereibetrieb	3	—	1	—	—	—	—	—	—	—	4
14. Motorschutenbetrieb	32	1	1	3	—	2	—	2	—	2	43
15. Festmacherbetrieb	6	—	—	—	—	—	—	—	—	—	6
16. Schiffsbewachungsbetr.	6	1	1	2	—	—	—	1	—	—	11
17. Hafen- und Lagerhausbetrieb in Harburg	20	—	—	1	—	1	—	—	—	3	25
Gesamt	587	99	40	81	6	73	10	162	—	41	1099

*) Ueberwiegend Betrieb von Hafenfahrzeugen zur Beförderung von Arbeitern und Arbeitsgerät, sowie für Inspektionszwecke

**) Ueberwiegend Betrieb von Hafenfahrzeugen zur Beförderung eigener Handelsgüter

Die Uebersicht zeigt, wie sich die verschiedenen Gruppen rein zahlenmäßig nach der Anzahl der Betriebe aufteilen und wie die Vielseitigkeit des Hafenbetriebes und der Drang, den Verkehrsrückgang auszugleichen, im weitesten Maße dazu geführt hat, auf mehrere Berufsgruppen des Hafens durch Angliederung zahlreicher Nebenbetriebe überzugreifen.

Bei der Durchführung der Neuorganisation der gewerblichen Wirtschaft wurde von der ersten Gruppe der Hafeneinzelbetriebe, den eigentlichen Hafenunternehmern, gegen die Regie- und Nebenbetriebe Stellung genommen und außerdem eine Zulassungsbeschränkung für Hafenbetriebe gefordert. Auch waren sie besorgt, das Eindringen ungeeigneter Elemente in ihre Reihen zu verhindern und den sogenannten „wilden Betrieben" das Handwerk zu legen.

Infolge seiner Eigenart findet sich im Hamburger Hafenbetrieb nur zu leicht eine Möglichkeit, ohne Rücksicht auf sozialpolitische, steuerliche und sonstige Verpflichtungen Hafenarbeit zu Preisen zu übernehmen, die kein ordnungsgemäß geführter Hafeneinzelbetrieb einhalten kann. Die typischen Beispiele dafür finden sich in dem Hafenschiffahrtsgewerbe. Dort gibt es Personen, die mit einer eigenen oder gemieteten Barkasse oder Schute für eigene Rechnung Güter selbst transportieren. Ihre Auftraggeber sind Kaufleute und Spediteure. Sie üben keinen ordnungsgemäßen Hafenbetrieb aus, besitzen auch kein Kontor, sondern nehmen jede Gelegenheit wahr, um sich auf irgendeine Weise Geld zu verdienen, etwa so, wie sich ein Erwerbsloser einem Reisenden am Bahnhof anbietet, ihm außerhalb des Bahnhofes sein Gepäck zu tragen. Der im Hafen vorhandene Ueberfluß an Hafenschiffahrtstonnage macht es jedem, der in der Lage ist, ein Hafenfahrzeug zu führen, möglich, sich auf diese Weise zur Ausführung von Gelegenheitstransporten anzubieten, zumal gar keine Schwierigkeit besteht, den erforderlichen Gewerbeanmeldeschein zu erhalten, wenn die dafür festgesetzte Gebühr entrichtet wird. Mangels eines Kontors sind diese Leute schwer zu erreichen und können sich jeden Tag einer anderen Tätigkeit zuwenden. Dafür können wieder andere Leute jeden Tag diese Tätigkeit ausüben. Es ist also ein Kommen und Gehen von Personen, die die Ordnung im Gesamthafenbetrieb gefährden und zum Teil auch die Beschäftigungsmöglichkeit der Hafenarbeiter dadurch vermindern, daß sie Arbeit zu Sätzen anbieten, die bei Einhaltung der Tarifordnungsbestimmungen nicht haltbar sind. Auch birgt ein Ueberangebot von Hafenbetrieben die Gefahr, daß früher ordnungsgemäß geführte Hafenbetriebe bei vermindertem Hafenverkehr aus Selbsterhaltungstrieb auf diesen Weg gedrängt werden.

Durch diese ungeregelte Konkurrenz wird eine Hebung des Hafenverkehrs nicht erreicht, höchstens für irgend einen Ablader oder Empfänger ein privater Vorteil, der für die Wirtschaft ohne Bedeutung ist. Das Hafengewerbe aber kommt auf diese Weise nicht zur Gesundung.

Die Erhaltung der Organisation der Arbeit und die Sicherung der Existenzfähigkeit der Hafenarbeiter erfordert es, daß auch die Existenzfähigkeit der Hafeneinzelbetriebe gesichert ist. Dazu braucht weder eine vernünftige Gewerbefreiheit beseitigt noch der Hafenverkehr verteuert werden. Tatsächlich führt nicht eine Beschränkung, sondern eine zu große Beteiligung von Hafeneinzelbetrieben am Hafenverkehr zu teueren Umschlagspreisen, wenn bei gleichbleibenden festen Kosten der Umsatz des einzelnen Betriebes immer geringer wird. Ein Hafeneinzelbetrieb kann sich bei einem größeren Anteil am Verkehr auch mit einem bescheideneren Nutzen begnügen und billiger arbeiten.

Die Verpflichtungen, die dem Gesamthafenbetrieb auferlegt werden, erfordern leistungsfähige, in ihrer Existenzfähigkeit gesicherte Hafeneinzelbetriebe, deren Anteil am Hafenverkehr für ihre Lebensbedürfnisse ausreicht. Daran haben alle am Hafenbetrieb Beteiligten das gleiche Interesse. Auch Hamburgs Schiffahrt und Handel hat ein Interesse an der Gesunderhaltung der Hafeneinzelbetriebe, denn nur solche gewährleisten die Erhaltung und Fortentwicklung des Hafens Hamburg, dessen Bedeutung der gesamten Hamburger Wirtschaft zugute kommt.

Nur wenn sich die Zahl der am Hafenverkehr Beteiligten dem Wechsel des Umfangs des Hafenverkehrs anpaßt, können die Beteiligten eine ausreichende Existenzgrundlage finden.

Die Hafenarbeiter

Man hat häufig die Frage gestellt, weshalb gerade für die Hafenarbeiter etwas ganz besonderes geschaffen werden mußte, was für Arbeiter anderer Berufe nicht geschieht. Wenn solche Frage im Binnenland gestellt wird, braucht dies nicht Wunder zu nehmen, denn man steht dort den Geschehnissen an der Wasserkante nicht nahe genug. Wenn uns aber in einer großen Hafenstadt eine solche Frage entgegentritt, dann löst sie doch berechtigtes Erstaunen aus. Es ist ja überhaupt erstaunlich, daß man häufig noch eine solche Unkenntnis über das Problem der Hafenarbeit selbst dort findet, wo man gerade das Gegenteil erwarten dürfte. Tatsache ist jedenfalls, daß man bisher dem Hafenarbeiter vielfach fremd gegenüberstand und ihm nicht das Interesse entgegenbrachte, das er doch schließlich in Hamburg verdient. Immer wieder wird z. B. die Erfahrung gemacht, daß man einen Hafenarbeiter begrifflich nicht von einem Werftarbeiter unterscheiden kann. Jeder, der sich für den Hafen interessiert, hat wohl seine Hafenrundfahrt gemacht und die großen Schiffe und Kräne bewundert; aber hat er dabei auch einmal den Hafenarbeiter genauer betrachtet und sich Gedanken über sein

Schicksal gemacht? Selbst in der Presse konnte man bisweilen von Veranstaltungen für Hafenarbeiter lesen. Sah man dann genauer hin, so handelte es sich gar nicht um Hafenarbeiter, sondern um Arbeiter eines Werftbetriebes. Vielleicht hängt es auch damit zusammen, daß in dieser Millionenstadt der eingesessene Hamburger in der Minderzahl und der binnenländische Zustrom außerordentlich groß ist. Wen dann seine berufliche Tätigkeit nicht unmittelbar mit dem Hafen in Berührung bringt, dem bleibt dieser ein vielgestaltiges, verworrenes Gebilde, eine Maschinerie, deren Wirkung man sich gern von der Terrasse eines Elbrestaurants in Gestalt der ein- und ausfahrenden Schiffe ansieht, in dessen Mechanismus man aber nicht eindringt.

Wenn nun die ganze Organisation auf eine neue Grundlage gestellt ist, so möge dies auch dazu beitragen, den Hafenarbeiter in Hamburg aus dem Schatten heraus mehr in den Vordergrund zu stellen und ihm die allgemeine Beachtung zu sichern, die für die Festigung seiner Lebensgrundlagen erwünscht ist.

Die örtlichen Verhältnisse in den einzelnen Häfen sind auch in dieser Hinsicht natürlich verschieden. In Hamburg liegt es jedenfalls so, daß der Hafen das Herz der hamburgischen Wirtschaft ist, die durch ihn gespeist und mit Leben erfüllt wird. Direkt oder indirekt führt wohl der größte Teil der Hamburger Bevölkerung seine Existenz auf das Vorhandensein dieses großen Hafens in irgend einer Weise ganz oder zum Teil zurück. Man denke nur an die Kaufleute und die Industrien, für die Hamburg ohne den Hafen bedeutungslos wäre, an die Behörden und Beamten, die direkt oder indirekt mit dem Hafen zu tun haben oder deren Notwendigkeit doch im letzten Grunde von der Entwicklung abhängig ist, die Hamburg durch seine Eigenschaft als Welthafen hat. Man stelle sich vor, Hafen und Elbe seien verschüttet, und überlege sich, was aus Hamburg und seiner Bevölkerung wird, überlege sich, wer in Hamburg nicht davon berührt wird. Eine Provinzstadt dritten Ranges würde genügen, um das aufzunehmen, was noch übrigbleibt. Es würde sich auswirken von den Spitzen der Behörden bis zum untersten Beamten, von den größten Ueberseehäusern bis zum letzten Straßenhändler, der seine Reiseandenken am Hafen verkauft, von dem größten Luxushotel bis zum kleinsten Singspielhaus in St. Pauli, von der größten Werft und Industrieanlage bis zum kleinsten Maschinenvertreter. Ganz zu schweigen von dem Verkehrsgewerbe, von Reedern, Maklern, Spediteuren, Assekuradeuren, von Hafenbetrieben und sonstigen unmittelbar am Hafenbetrieb Beteiligten. Weshalb dies hier so herausgestellt wird? Damit es einmal eindeutig klargelegt wird, in welcher Abhängigkeit das Schicksal der Hamburger Bevölkerung vom Hafen steht und welche Verpflichtung sie deshalb gegenüber den Hafenarbeitern hat, die den Ablauf des täglichen Hafenbetriebes bei Wind und Wetter, bei Tag und Nacht unter Einsatz von Gesundheit und Leben bewerkstelligen. Möchte die Hamburger Bevölkerung erkennen, was sie der Hafenarbeiterschaft zu danken hat, und den Wert dieser Arbeit und der Männer, die sie ausführen, so würdigen, wie es ihnen zukommt. Dann wird man allgemein zu der Ueberzeugung gelangen, daß das Los dieser Männer und ihrer Familien unbedingt gesichert sein muß, auch gegenüber der Unbeständigkeit und dem Wechsel der Verkehrsstärke.

Der Hafen ist der Urboden, auf dem und aus dem Hamburgs Wirtschaft und Leben wächst und gedeiht. Die Männer aber, die diesen Urboden täglich in harter Arbeit beackern, dürfen doch nicht einem so ungewissen Schicksal überlassen bleiben, daß gerade sie zu den Aermsten der Armen gezählt werden müssen.

Hier liegt eine Ehrenpflicht, die nicht nur die Hafenunternehmer und am Hafenbetrieb unmittelbar beteiligten Wirtschaftskreise, wie Reeder, Schiffsmakler und Seehafenspediteure, sondern die ganze Stadt angeht, denn diese Unternehmer und ihre Mitarbeiter sind es, die mit ihrer Initiative und Tätigkeit, gestützt auf die ausführende Arbeit der Hafenarbeiter, den Pulsschlag des Hafenbetriebes regeln.

Daß die Hafenarbeiter der Achtung und Hilfe würdig sind, dafür sorgt die Organisation der Arbeit. Der Titel „Hafenarbeiter" soll ein Ehrentitel sein, den nur derjenige führen darf, der von Gesetzes wegen dazu berechtigt ist und sich dieses Titels dauernd würdig erweist. Sein Ausweis dafür ist die Arbeitskarte, über die in einem späteren Abschnitt noch gesprochen wird. Nur wer die Arbeitskarte besitzt, darf sich als Hafenarbeiter bezeichnen.

Die Hafenarbeiter haben ihre Berufsausbildung zum größten Teil als Seeleute in der Handelsmarine und Kriegsmarine gehabt. Dieser Weg ist durchaus zweckmäßig und angebracht. Jeder Seemann, sei es Offizier oder Matrose, hat den berechtigten Wunsch, einmal sein Lebensschiff in einem Hafen vor Anker gehen zu lassen und seßhaft zu werden. Dieser Wunsch tritt nicht etwa erst gegen Ende seines Lebens auf, sondern hängt gewöhnlich mit seiner Verheiratung zusammen, fällt also in eine Zeit, wo er sich noch im besten Mannesalter und im Vollbesitz seiner Arbeitskraft befindet. Die Erfüllung des Wunsches, der deutschen seefahrenden Bevölkerung den Weg an Land zu ermöglichen, setzt voraus, daß dafür geeignete Berufe offengehalten werden. Der Beruf des Hafenarbeiters ist für die Schiffsmannschaft die wichtigste in Frage kommende Landstellung. Mit seiner Tätigkeit ist er durch seine Fahrenszeit schon bekannt. Hier bleibt er also in einem ihm vertrauten Arbeitsgebiet. Daraus ergibt sich die Zweckmäßigkeit, im Gesamthafenbetrieb in erster Linie Seeleute bei der Einstellung zu berücksichtigen. Dementsprechend wird auch in Hamburg verfahren, wenn auch in der Nachkriegszeit der Gesichtspunkt nicht so streng durchgeführt werden konnte, wie es an und für sich erwünscht gewesen wäre. Ein Anspruch eines Seemanns auf Uebernahme in den Hafenbetrieb besteht natürlich nicht. Voraussetzung ist immer, daß für ihn ein Arbeitsplatz vorhanden und er geeignet ist, in die Betriebsgemeinschaft des Gesamthafenbetriebes aufgenommen zu werden.

Andererseits wird dadurch, daß auf diese Weise die Hafenarbeit gewissermaßen die Fortsetzung der Berufstätigkeit als Seemann ist, das Interesse der Seeschiffahrt daran begründet, daß damit nicht ein Abstieg in der Existenzsicherung verbunden ist.

Außerdem wird durch die Einstellung von Seeleuten im Hafenbetrieb der Seeschiffahrt die Möglichkeit für die erforderliche dauernde Verjüngung der Besatzungen gegeben und ihr die Sorge für ausscheidende ältere Berufsangehörige abgenommen. Auch hieraus ergibt sich neben der Sorgepflicht der Hafeneinzelbetriebe ein Interesse der Seeschiffahrt an der Gestaltung des Schicksals der Hafenarbeiter. Das war ja auch, ganz abgesehen von dem Interesse der Seeschiffahrt an den Leistungen des Hafenbetriebes, ein wesentlicher Grund mit dafür, daß gerade von der Seeschiffahrt die Organisation der Arbeit ins Leben gerufen und zum größten Teil finanziert wurde. Diese Anteilnahme an dem Schicksal der früheren Seeleute im Hafenbetrieb kann in mannigfacher Weise zum Ausdruck gebracht werden.

Von den am 1. Januar 1936 im Gesamthafenbetrieb insgesamt vorhandenen 16 000 Hafenarbeitern waren etwa 45 % frühere Seeleute. Das Verhältnis kommt aber klarer zum Ausdruck, wenn man verschiedene Berufsgruppen für sich betrachtet. Vor allem nimmt der Stauereibetrieb Seeleute auf. Im Stauereibetrieb werden 60 % Seeleute beschäftigt. Die Prozentsätze werden sich in Zukunft erhöhen.

Die Hafenarbeiter sind entsprechend der Berufsgliederung der Betriebe in folgende Berufsgruppen eingeteilt: Stauervizen, Schauerleute, Lademeister, Kaiarbeiter, Kranführer, Elektrokarrenführer, Verladebrücken- und Schwimmgreiferführer, Umschlagsarbeiter im Binnenschiffahrtsverkehr, Lagerarbeiter, Speichereiarbeiter, Tallyleute und Kontrolleure, Wäger und Kornumstecher, Schiffs- und Kesselreiniger, Bunkerarbeiter, Ewerführer, Deckschutenschiffer, Schiffer, Maschinisten, Heizer, Donkeyleute und Barkassenführer, Festmacher und Wachleute.

Man ersieht daraus, wie spezialisiert der Beruf des Hafenarbeiters ist. Jede dieser Berufsgruppen erfordert besondere Fachkenntnisse, die in längerer Praxis erworben sein müssen. Die Arbeit des Hafenarbeiters ist also nicht etwa, wie vielfach noch angenommen wird, die eines ungelernten Arbeiters, wie es vielleicht in primitiven

Ueberseehäfen der Fall ist. Mit ungelernten Arbeitern oder Gelegenheitsarbeitern könnte ein so komplizierter Betrieb mit hochwertigen technischen Anlagen, wie es der Hafen Hamburg ist, nicht durchgeführt werden. Hier kommt es darauf an, in jedem Zweige gut eingearbeitete, erfahrene Männer zur Verfügung zu haben, die voll und ganz ihren Beruf ausfüllen.

Die Gefolgschaften

Die Hafenarbeiter gliedern sich in zwei große Gefolgschaftsgruppen, nämlich in Gesamthafenarbeiter und Hafeneinzelbetriebsarbeiter.

Gesamthafenarbeiter sind diejenigen Hafenarbeiter, die nicht bei einem Hafeneinzelbetrieb, sondern bei der Gesamthafenbetriebs-Gesellschaft m. b. H. als Gefolgschaft eingestellt sind und den Hafeneinzelbetrieben nach Bedarf zur Arbeit zugeteilt werden. Hafeneinzelbetriebsarbeiter sind diejenigen Hafenarbeiter, die bei einem Hafeneinzelbetriebe eingestellt sind, dauernd zu seiner Gefolgschaft gehören und nur bei ihm mit Hafenarbeit beschäftigt werden dürfen.

Die Gesamthafenarbeiter gehören während der Dauer der Arbeit bei einem Hafeneinzelbetrieb auch zur Gefolgschaft dieses Hafeneinzelbetriebes und haben während dieser Zeit dem Hafeneinzelbetrieb gegenüber dieselben Gefolgschaftsverpflichtungen wie die Hafeneinzelbetriebsarbeiter. Ebenso haben die Betriebsführer der Hafeneinzelbetriebe den Gesamthafenarbeitern gegenüber während der Dauer der Arbeit dieselben Betriebsführerverpflichtungen wie gegenüber ihren Hafeneinzelbetriebsarbeitern.

Der Bestand sämtlicher zur Betriebsgemeinschaft des Hafens Hamburg gehörenden Gefolgschaften belief sich Anfang 1936 auf 16 705 Hafenarbeiter, davon gehörten 7722 Hafenarbeiter (46,2 %) als Gesamthafenarbeiter zur Gefolgschaft der Gesamthafenbetriebs-Gesellschaft m. b. H. und 8983 (53,8 %) als Hafeneinzelbetriebsarbeiter zu Gefolgschaften von Hafeneinzelbetrieben. Außerdem sind noch bei der Hamburger Freihafen-Lagerhaus-Gesellschaft etwa 2500 Kaiarbeiter beschäftigt, die als ehemalige Staatsarbeiter nicht in die Betriebsgemeinschaft des Gesamthafenbetriebes einbezogen sind, also bei der Entlassung nicht in die Gefolgschaft der Gesamthafenbetriebs-Gesellschaft m. b. H. übertreten, weil für sie eine besondere Altersversorgung besteht. Es handelt sich dabei um den Bestand, der bei Eintritt der Hamburger Freihafen-Lagerhaus-Gesellschaft in den Gesamthafenbetrieb vorhanden war. Unter Hinzurechnung dieser Kaiarbeiter beträgt also im Jahre 1936 der Gesamtbestand an Hafenarbeitern 19 200. Die Zusammensetzung nach Berufsgruppen ergibt sich aus nachstehender Uebersicht:

Anzahl der Hafenarbeiter des Hafens Hamburg im Monat Januar 1936

Berufsgruppe;	Gesamt-zahl	Gesamt-hafen-arbeiter	% der Gesamt-zahl	Hafen-einzel-betriebs-arbeiter	% der Gesamt-zahl
Stauereibetrieb	5732	4233	74	1499	26
Kai-Umschlagsbetrieb	3478 *)	1555 **)	45	1923	55
Hafenumschlagsbetr. i. Binnensch.-Verk.	225	14	6	211	94
Lagerhausbetrieb	706	211	30	495	70
Speichereibetrieb	1131	379	33	752	67
Ladungskontrolle	613	231	38	382	62
Wäger- und Kornum-stecherbetrieb	148	—	—	148	100
Schiffsreinigungs-, Malerei- u. Kessel-reinigungsbetrieb	641	412	64	229	36
Bunkereibetrieb	201	178	88	23	12
Ewerführereibetrieb	1945	253	13	1692	87
Hafenschiffahrt (einschl. Schlepp-dampfschiffs-Reedereibetrieb)	1402	—	—	1402	100
Motorschutenbetrieb	64	—	—	64	100
Festmacherbetrieb	42	—	—	42	100
Schiffsbewachung	127	103	81	24	19
Hafen- u. Lagerhaus-betrieb Harburg	250	153	61	97	39
	16705	7722	46	8983	54

Aus der Uebersicht ist ersichtlich, in welchen Berufsgruppen die Gesamthafenarbeiter und in welchen die Hafeneinzelbetriebsarbeiter überwiegen. Bei weitem überwiegend sind die Gesamthafenarbeiter im Stauereibetrieb mit 74 %, im Bunkereibetrieb mit 88 % und im Schiffsreinigungsbetrieb mit 64 % der Gesamtzahl. Das ist darauf zurückzuführen, daß sich in diesen Berufsgruppen der Wechsel des Hafenverkehrs besonders bemerkbar macht. Umgekehrt ist im Ewerführereibetrieb die Zahl der Hafeneinzelbetriebsarbeiter mit 87 % der Gesamtzahl stark überwiegend. In dieser Berufsgruppe ziehen es die Hafeneinzelbetriebe vor, einen größeren Stamm von Hafeneinzelbetriebsarbeitern zur Verfügung zu haben, weil hier der

*) Ausschließlich 2500 frühere Staatsarbeiter der Hamburger Freihafen-Lagerhaus-Gesellschaft.

**) Einschließlich 709 von der Hamburger Freihafen-Lagerhaus-Gesellschaft übernommene Aushilfsarbeiter.

einzelne Arbeiter bei seiner Tätigkeit im Hafen im allgemeinen unbeaufsichtigt allein auf sich angewiesen ist und dort, wo er Güter abnimmt und anliefert, nicht nur als Arbeiter, sondern gleichzeitig als Betriebsbeauftragter auftreten, Ladungspapiere empfangen und abliefern sowie die Zollformalitäten selbständig erledigen muß. Hier ist also eine ganz besondere Vertrautheit mit der besonderen Eigenart jedes Hafeneinzelbetriebes erforderlich. Immerhin wäre es den Hafeneinzelbetrieben dieser Berufsgruppe nicht möglich, eine so große Zahl von Hafeneinzelbetriebsarbeitern zu halten, wenn sie sie nicht in Zeiten schlechter Beschäftigung kurzarbeiten ließen.

In den Berufsgruppen, die besondere technische Fähigkeiten erfordern, wie in der Hafenschiffahrt und bei den vereidigten Wägern, in denen auch die Gültigkeit der Arbeitskarte auf den Hafeneinzelbetrieb beschränkt ist, sind Gesamthafenarbeiter überhaupt nicht vorhanden.

In den übrigen Berufsgruppen schwankt das Verhältnis der Gesamthafenarbeiter zur Gesamtzahl zwischen 30 % und 49 %. Es sind dies Berufsgruppen mit meist regelmäßigerem Arbeitsanfall.

Die Gesamtzahl der Hafenarbeiter entspricht dem tatsächlichen Bedarf, wie es in der Anordnung des Treuhänders der Arbeit festgelegt ist. Die Anpassung der Gesamtzahl an die vorhandene Beschäftigungsmöglichkeit ist notwendig, damit alle Hafenarbeiter einen ausreichenden Verdienst haben. Diese Forderung kann aber nur erfüllt werden, wenn der Ausgleich eines Beschäftigungsrückgangs nicht in den Hafeneinzelbetrieben, sondern im Gesamthafenbetrieb vorgenommen wird. Den Hafeneinzelbetrieben fehlt die Uebersicht über die Beschäftigungsverhältnisse im ganzen Hafen. Hat der eine Hafeneinzelbetrieb wenig zu tun, so haben andere dafür gerade vielleicht mehr Arbeit. Hält einer der wenig beschäftigten Hafeneinzelbetriebe einen zu großen Bestand an Hafeneinzelbetriebsarbeitern und läßt sie kurzarbeiten, so fehlen diese bei einem anderen Einzelbetrieb, wo sie voll beschäftigt werden könnten. Die Folge ist, daß Neueinstellungen in die Betriebsgemeinschaft des Gesamthafenbetriebes notwendig werden und damit tatsächlich eine zu große Anzahl von Hafenarbeitern eingestellt und der Verdienst der Hafenarbeiter zum Schaden ihrer wirtschaftlichen Existenz und Leistungsfähigkeit verwässert wird.

Die betriebliche Zusammenfassung der Gesamthafenarbeiter und die betriebliche Sorge für sie durch die Gesamthafenbetriebs-Gesellschaft m. b. H. werden bei den Hafeneinzelbetrieben und bei den Hafeneinzelbetriebsarbeitern immer mehr das Bewußtsein stärken, daß der Uebertritt zur Gesamthafenbetriebs-Gesellschaft m. b. H. keinen Nachteil bedeutet.

Der Bestand der Hafenarbeiter in den Jahren vor Bildung des Gesamthafenbetriebes ergibt sich aus der folgenden Uebersicht:

am	Gesamthafenarbeiter	Hafeneinzelbetriebs-Arbeiter	insgesamt	Zugang	Abgang
31. 12. 1928	8529	7679	16 208	336	—
31. 12. 1929	8669	7653	16 322	114	—
31. 12. 1930	8707	6925	15 632	—	690
31. 12. 1931	8813	6309	15 122	—	510
31. 12. 1932	8691	5464	14 155	—	967
31. 12. 1933	6510	5488	11 998	—	2157
31. 12. 1934	7068	9214	16 282	4284	—
31. 12. 1935	7722	8983	16 705	423	—

Vergleichbar sind hier zunächst nur die Zahlen der Jahre 1928 bis 1933. Sie zeigen, daß der Höchststand im Jahre 1929 mit 16 322 Hafenarbeitern erreicht war. Dann trat ein langsames Absinken, das aber, wie eingangs erwähnt, längst nicht dem Rückgang des Güterverkehrs entsprach, ein. Erst im Jahre 1933 wurde eine stärkere Anpassung durch Verminderung um etwa 2000 Hafenarbeiter durchgeführt, so daß der Bestand am 31. Dezember 1933 auf 11 998 gesunken war. Die dann im Laufe des Jahres 1934 eingetretene Erhöhung des Bestandes ist nicht auf einen vermehrten Hafenverkehr, sondern auf die Bildung des Gesamthafenbetriebes und die dadurch erfolgte Einbeziehung bisher nicht erfaßter Hafeneinzelbetriebe zurückzuführen. —

Wie die im Jahre 1935 vorhandene Bestandshöhe hinsichtlich des Verdienstes des einzelnen Hafenarbeiters zu beurteilen ist, wird an späterer Stelle näher untersucht werden*).

Hier ist noch mit einigen Worten auf die Bestandsveränderungen der Gesamthafenarbeiter einzugehen. Die große Fluktuation, das Kommen und Gehen von Arbeitern, die Hafenarbeit suchen, hat durch die Bildung des Gesamthafenbetriebes aufgehört. Es müssen heute schon sehr triftige Gründe sein, die einen Gesamthafenarbeiter veranlassen, seine Entlassung zu nehmen.

Im Jahre 1935 schieden bei einem Bestande von etwa 7000 insgesamt 657 Gesamthafenarbeiter aus der Gefolgschaft der Gesamthafenbetriebs-Gesellschaft m. b. H. aus, also 9,4 %, und zwar durch Tod 53, infolge Erreichung der Altersgrenze 105, durch Krankheit und Unfall 107, durch Entlassung 119, während 273 in andere Berufe überwechselten.

Das Durchschnittsalter der Gesamthafenarbeiter ist mit 45 Jahren, das der Hafeneinzelbetriebsarbeiter mit 44 Jahren etwa gleich hoch. Nach Berufsgruppen getrennt, zeigt sich folgende Altersschichtung: Im Hafenumschlagsbetrieb im Binnenschiffahrtsverkehr 30 Jahre, im

---

*) Vergl. S. 68.

Lagerhausbetrieb 32 Jahre, im Ewerführereibetrieb 39 Jahre, im Schiffsreinigungs-, Malerei- und Kesselreinigungsbetrieb 40 Jahre, im Speichereibetrieb 45 Jahre, im Stauereibetrieb 45 Jahre, im Hafen- und Lagerhausbetrieb Harburg 46 Jahre, bei den Tallyleuten 51 Jahre, im Kai-Umschlagsbetrieb 51 Jahre, bei den Ladungskontrolleuren und im Schiffsbewachungsbetrieb 51 Jahre und im Bunkereibetrieb 52 Jahre.

Für die Bearbeitung der Personalangelegenheiten ist eine umfangreiche Personal-Abteilung bei der Gesamthafenbetriebs-Gesellschaft m. b. H. eingerichtet, in der alle Hafenarbeiter, Gesamthafenarbeiter wie Hafeneinzelbetriebsarbeiter, karteimäßig erfaßt werden. Zur Aufgabe der Personal-Abteilung gehören insbesondere Einstellungen und Entlassungen, vertrauensärztliche Untersuchungen, Verwaltungsarbeiten für die Ausstellung und Einziehung der Arbeitskarten, Ausfertigung der Einstellungsverträge, Eintragungen in die Arbeitsbücher, An-, Um- und Abmeldung zur Krankenversicherung, Versetzungen innerhalb der verschiedenen Berufsgruppen, Kontrolle über Einstellung und Entlassung von Hafeneinzelbetriebsarbeitern, Kontrolle über die Beschäftigung von Lehrlingen, Erfassung des Besatzungspersonals in der Hafenschiffahrt, Zulassung von Aushilfsarbeitern, Kontrolle über zugelassene Ausländer, Schwerbeschädigte und Rentenempfänger.

Vertrauensrat und Beirat im Gesamthafenbetrieb

Ueber die Zusammenarbeit in den Betrieben bestimmt das Gesetz zur Ordnung der nationalen Arbeit folgendes:

"Im Betriebe arbeiten der Unternehmer als Führer des Betriebes, die Angestellten und Arbeiter als Gefolgschaft gemeinsam zur Förderung der Betriebszwecke und zum gemeinen Nutzen von Volk und Staat.

Der Führer des Betriebes entscheidet der Gefolgschaft gegenüber in allen betrieblichen Angelegenheiten, soweit sie durch dieses Gesetz geregelt werden. Er hat für das Wohl der Gefolgschaft zu sorgen. Diese hat ihm die in der Betriebsgemeinschaft begründete Treue zu halten.

Dem Führer des Betriebes mit in der Regel mindestens 20 Beschäftigten treten aus der Gefolgschaft Vertrauensmänner beratend zur Seite. Sie bilden mit ihm und unter seiner Leitung den Vertrauensrat des Betriebes.

Der Vertrauensrat hat die Pflicht, das gegenseitige Vertrauen innerhalb der Betriebsgemeinschaft zu vertiefen. Der Vertrauensrat hat die Aufgabe, alle Maßnahmen zu beraten, die der Verbesserung der Arbeitsleistung, der Gestaltung und Durchführung der allgemeinen Arbeitsbedingungen, insbesondere der

Betriebsordnung, der Durchführung und Verbesserung des Betriebsschutzes, der Stärkung der Verbundenheit aller Betriebsangehörigen untereinander und mit dem Betriebe und dem Wohle aller Glieder der Gemeinschaft zu dienen. Er hat ferner auf eine Beilegung aller Streitigkeiten innerhalb der Betriebsgemeinschaft hinzuwirken. Er ist vor der Festsetzung von Bußen auf Grund der Betriebsordnung zu hören. Der Vertrauensrat kann einzelne seiner Aufgaben bestimmten Vertrauensmännern zur Wahrnehmung übertragen."

Im Gesamthafenbetrieb werden in jedem Hafeneinzelbetrieb, in dem, abgesehen von Gesamthafenarbeitern, in der Regel mindestens 20 Beschäftigte vorhanden sind, gemäß § 5 des AOG. Vertrauensmänner bestellt, die zusammen mit dem Betriebsführer des Hafeneinzelbetriebes unter seiner Leitung den Vertrauensrat des Hafeneinzelbetriebes bilden. Die Pflichten der Vertrauensmänner der Hafeneinzelbetriebe gegenüber der Gefolgschaft beziehen sich auch auf die Gesamthafenarbeiter, soweit sie an einem Arbeitstage bei dem Hafeneinzelbetrieb beschäftigt sind. Die Vertrauensmänner eines Hafeneinzelbetriebes sind also verpflichtet, sich der bei dem Hafeneinzelbetrieb arbeitenden Gesamthafenarbeiter während dieser Zeit ebenso anzunehmen wie der Hafeneinzelbetriebsarbeiter. Sie müssen dafür sorgen, daß Beschwerden, soweit erforderlich, zur Erledigung und Klärung im Vertrauensrat des Hafeneinzelbetriebes vorgebracht werden.

Für den im Gesamthafenbetrieb zu bildenden Vertrauensrat sind bei der Gesamthafenbetriebs-Gesellschaft m. b. H. gemäß § 5 des AOG. 10 Vertrauensmänner und die gleiche Anzahl von Stellvertretern bestellt. Die Geschäftsführer der Gesamthafenbetriebs-Gesellschaft m. b. H. sind vom Führer des Gesamthafenbetriebes mit seiner Stellvertretung betraut. Den Vertrauensmännern der Gesamthafenbetriebs-Gesellschaft m. b. H. ist der durch die Erfüllung der Aufgaben notwendige Ausfall von Arbeitszeit mit dem üblichen Lohn von der Gesamthafenbetriebs-Gesellschaft m. b. H. zu vergüten.

Die Vertrauensmänner der Gesamthafenbetriebs-Gesellschaft m. b. H. haben die Aufgabe, die Gesamthafenarbeiter in den durch die Betriebsordnung geregelten Angelegenheiten zu betreuen. Sie sollen, wenn sie einem Hafeneinzelbetrieb zur Beschäftigung zugeteilt sind, vorkommendenfalls den Vertrauensrat des Hafeneinzelbetriebes verständnisvoll unterstützen.

Die Gesamthafenarbeiter müssen ihnen Vertrauen entgegenbringen und sich mit ihren Wünschen und Beschwerden vertrauensvoll an sie wenden. Sie sind verpflichtet, das Ansehen der Vertrauensmänner innerhalb der Gefolgschaft hochzuhalten und zu festigen. Ebenso sollen die Betriebsführer der Hafeneinzelbetriebe und deren Betriebsbeauftragte den Vertrauensmännern der Gesamthafenbetriebs-Gesellschaft m. b. H. die Durchführung ihres Amtes erleichtern.

Beschwerden eines Gesamthafenarbeiters, die sich bei seiner Beschäftigung in einem Hafeneinzelbetrieb ergeben, sind bei einem Vertrauensmann des Hafeneinzelbetriebes oder bei einem Beauftragten (Inspektor, Vizen) oder unmittelbar bei dem Betriebsführer des Hafeneinzelbetriebes anzubringen. Die Verantwortung für die sachgemäße Erledigung dieser Beschwerden trägt der Hafeneinzelbetrieb. Der Hafeneinzelbetrieb ist verpflichtet, dem Beschwerdeführer über die Erledigung der Beschwerde entweder unmittelbar oder über die Gesamthafenbetriebs-Gesellschaft m. b. H. Nachricht zukommen zu lassen.

Die Erteilung von Rechtsauskünften, insbesondere über die Anwendung der Bestimmungen der Tarifordnung, gehört zur Zuständigkeit der Rechtsberatungsstellen der Deutschen Arbeitsfront.

Die Zusammenarbeit des Vertrauensrats der Gesamthafenbetriebs-Gesellschaft m. b. H. hat sich seit seinem Bestehen als außerordentlich sachdienlich und zweckmäßig erwiesen und war getragen von bereitwilligster positiver Mitarbeit aller beteiligten Vertrauensmänner. Sie haben dadurch einen wesentlichen Anteil an der Ausgestaltung des Gesamthafenbetriebes und der Schaffung der Betriebsverbundenheit genommen. Alle Maßnahmen, insbesondere auch die Bestimmungen der Betriebsordnung, konnten in voller Uebereinstimmung erlassen werden. Als Grundlage der Zusammenarbeit wurde vom Führer des Gesamthafenbetriebes von Anfang an konsequent eine einheitliche Anschauung über den Aufbau und die Notwendigkeiten des Gesamthafenbetriebes hergestellt, so daß darüber Meinungsverschiedenheiten nicht mehr vorkommen. Dies zeigt, daß bei den Vertrauensmännern die Gewißheit vorhanden ist, daß der richtige Weg eingeschlagen wurde. Sie haben diese Gewißheit im Kreise ihrer Arbeitskameraden verbreitet und durch Leistung einer schwierigen Aufklärungsarbeit vertieft. Es besteht bei ihnen vollkommene Einigkeit mit der Führung darüber, daß die für den Gesamthafenbetrieb geschaffene Betriebszugehörigkeit eine immer stärkere Einfügung der Gesamthafenarbeiter in die vom Gesetze zur Ordnung der nationalen Arbeit verkündete Betriebsauffassung und Treuepflicht erfordert. Diese neuen Gedankengänge lagen bei bereits vorhandenen geschlossenen Betrieben sehr viel näher, während für die Gesamthafenarbeiter der Begriff des Betriebes an und für sich schon etwas ganz Neues war. Daraus erklärt sich, daß die Vertrauensmänner hier eine sehr viel schwierigere Aufklärungsarbeit zu leisten haben, und daß immerhin eine gewisse Zeit verstreichen muß, bis die Erfordernisse der Betriebsverbundenheit jedem einzelnen Gesamthafenarbeiter selbstverständlich geworden sind.

Die Mitarbeit der Betriebsführer und Vertrauensmänner der Hafeneinzelbetriebe im Gesamthafenbetrieb ist durch die Bildung eines Beirats, der nach § 4 der 12. Durchführungsverordnung vom Treuhänder der Arbeit berufen werden kann, berücksichtigt. Dem Beirat gehören der Führer des Gesamthafenbetriebes als Vorsitzender und Führer von Hafeneinzelbetrieben sowie Vertrauensmänner aus der Gefolgschaft des Gesamthafenbetriebes und den Gefolgschaften der Hafeneinzelbetriebe als Mitglieder an. Das Amt eines Mitgliedes des Beirats ist ein Ehrenamt gemäß § 13 AOG. Größe und Zusammensetzung des Beirats im einzelnen bestimmt der Treuhänder der Arbeit. Der Führer des Gesamthafenbetriebes hat dem Treuhänder der Arbeit für die Berufung der Mitglieder auf Anfordern Vorschläge zu unterbreiten. Der Führer des Gesamthafenbetriebes ist, wenn ein Beirat gebildet ist, verpflichtet, alle Angelegenheiten, die der Beratung im Vertrauensrat bedürfen und zugleich die Interessen der Gefolgschaften der Hafeneinzelbetriebe berühren, auch im Beirat zur Beratung zu bringen. Er kann auch den Vertrauensrat und den Beirat zu gemeinsamen Beratungen einberufen.

Der Treuhänder der Arbeit für das Wirtschaftsgebiet Nordmark hat demgemäß für den Gesamthafenbetrieb des Hafens Hamburg einen Beirat gebildet. Dem Beirat gehören an: 4 Führer von Hafeneinzelbetrieben, 2 Vertrauensmänner der Gefolgschaften der Hafeneinzelbetriebe und 2 Vertrauensmänner der Gefolgschaft des Gesamthafenbetriebes. Für jedes Mitglied ist ein Stellvertreter bestellt. Bei Angelegenheiten, die einen bestimmten Betriebszweig betreffen, kann der Beirat um je einen Betriebsführer und einen Vertrauensmann aus dem betreffenden Betriebszweig erweitert werden.

In dem Beirat sind alle wichtigen Anordnungen, insbesondere die Bestimmungen der Betriebsordnung, beraten worden. Auch hier bestand vollkommene Uebereinstimmung über die Grundzüge der Gestaltung des Gesamthafenbetriebes. Die Zusammenarbeit gestaltete sich außerordentlich sachdienlich und nutzbringend. Die Bedeutung des Beirats für den Gesamthafenbetrieb liegt in der Zusammenfassung der Sachkenntnis und der Erfahrung der am Hafenbetrieb tätigen Betriebsführer und Gefolgschaftsmänner. Die Mitglieder des Beirats müssen bei ihren Ratschlägen nicht ihre engeren Berufsinteressen, sondern die Gesamtheit des Hafenbetriebes vor Augen haben. Die bisherige Tätigkeit des Beirats hat bewiesen, daß diese hohe Warte der Anschauung und Beurteilung eingenommen wird.

Die Betriebsordnung für den Gesamthafenbetrieb

Der Führer des Gesamthafenbetriebes ist nach § 6 der 12. Durchführungsverordnung zum Gesetz der nationalen Arbeit verpflichtet, zur Regelung der Arbeitsverhältnisse der Gefolgschaft des Gesamthafenbetriebes eine Betriebsordnung schriftlich zu erlassen. Die

Höhe des Arbeitsentgelts kann in dieser Betriebsordnung nur mit Zustimmung des Treuhänders der Arbeit geregelt werden. Die Bestimmungen der Betriebsordnung sind im Rahmen des § 30 des Gesetzes zur Ordnung der nationalen Arbeit auch für die Hafeneinzelbetriebe rechtsverbindlich. Soweit Betriebsordnungen der Hafeneinzelbetriebe den Bestimmungen der Betriebsordnung für den Gesamthafenbetrieb widersprechen, finden sie auf die Arbeitsbedingungen der Gefolgschaft des Gesamthafenbetriebes keine Anwendung.

In Hamburg erließ der Führer des Gesamthafenbetriebes am 15. Februar 1936 die von ihm ausgearbeitete „Betriebsordnung für den Gesamthafenbetrieb des Hafens Hamburg". Sie enthält in 67 Paragraphen alle Bestimmungen, die für die Organisation der Arbeit im Hafen Hamburg erforderlich sind, und gibt so auch dem Außenstehenden, der sich dafür interessiert, erschöpfende Klarheit über das Zusammenwirken und Ineinandergreifen dieses komplizierten Räderwerks. Manchem mag der Umfang der Betriebsordnung auf den ersten Blick etwas zu groß erscheinen. Der Fachmann wird aber bei ihrem Studium sehr bald erkennen, daß sie nichts Ueberflüssiges enthält. Sie muß einerseits erschöpfend alle Einzelheiten angeben und andererseits doch genügend Spielraum für die wechselnden Erfordernisse der täglichen praktischen Arbeit lassen, ohne daß Willkür und Mißbrauch Platz greifen können. Unter diesem Gesichtspunkte wurde jede Bestimmung sorgfältig durchdacht und vor ihrer Aufnahme praktisch erprobt. So ist die Betriebsordnung für die praktische Durchführung der Hafenarbeit bestimmend und ausschlaggebend und muß von jedem, der damit befaßt ist, gekannt und verstanden werden. Sie bildet mit der Tarifordnung die wichtigste Grundlage für das Sozialrecht im Hafenbetrieb.

Beruhend auf reichsgesetzlicher Verordnung und rechtsverbindlich für die Hafeneinzelbetriebe, kommt ihr eine umfassendere Bedeutung zu, als Betriebsordnungen, die nur innerhalb eines Einzelbetriebes gelten. Vor Erlaß ist sie daher, wie schon erwähnt, auch im Beirat des Führers des Gesamthafenbetriebes eingehend beraten worden. Man war sich darüber klar, daß mit der Betriebsordnung etwas Bleibendes für den Hafen Hamburg geschaffen werden sollte. Die Betriebsordnung kann als Ausdruck des gemeinsamen Willens der am Hafenbetrieb Beteiligten zur Gestaltung der Organisation der Arbeit gewertet werden. Dies bietet eine Gewähr für ihren Bestand und ihre richtige Durchführung. Mit dem Erlaß der Betriebsordnung können die Organisationsarbeiten zunächst als abgeschlossen angesehen werden, so daß nun eine stetige Arbeit möglich und diese dem Wechsel der Meinungen entrückt ist. Diese Stetigkeit ist für den großen Betrieb des Hafens Hamburg unerläßlich. Fortwährendes Aendern erzeugt Unruhe, Mißstimmung und Reibungen, die sich im Ergebnis der praktischen Arbeit auswirken.

Selbstverständlich hängt die Bedeutung der Betriebsordnung auch mit der Größe des Hafens zusammen. So wird der Betriebsordnung für Deutschlands größten Seehafen stets eine besondere Bedeutung beizumessen sein. In kleineren Häfen können wesentlich weniger umfangreiche und eingehende Betriebsordnungen erlassen werden. Sie werden dort auch mehr oder weniger lokale Bedeutung haben.

Der Inhalt der Betriebsordnung für den Gesamthafenbetrieb des Hafens Hamburg ergibt sich aus den in den einzelnen Abschnitten dieser Schrift besprochenen Sachgebieten.

Arbeitskarte und Einstellungsvertrag

Die Arbeitskarte wurde im Hamburger Hafenbetrieb bereits eingeführt, als man zum ersten Male daranging, Ordnung in die Arbeitsverhältnisse im Hafen zu bringen und die Arbeiter, welche zur Arbeit zugelassen werden sollten, zu registrieren. Seitdem hat sie in allen Häfen, die dem Beispiel Hamburgs folgten, die gleiche Bedeutung gehabt. Sie war eine Zulassungsbescheinigung und diente der Ordnung des Arbeitsmarktes durch Regelung von Angebot und Nachfrage. Durch die Ausstellung der Arbeitskarte wurde ein Arbeitsverhältnis nicht begründet, sondern dem Inhaber nur die Möglichkeit gegeben, daß ein Hafeneinzelbetrieb mit ihm ein Arbeitsverhältnis, sei es in einer festen Beschäftigung von längerer Dauer, sei es in nur tageweiser unständiger Beschäftigung, einging. Von dieser Möglichkeit blieben alle, die keine Arbeitskarte besaßen, ausgeschlossen. Damit wurde das Ueberangebot von Arbeitskräften eingeschränkt und der Hafenarbeiter so nach Möglichkeit gegen dessen verderbliche Folgen geschützt. Deshalb ist das Arbeitskartensystem auch bei der Bildung von Gesamthafenbetrieben als Grundlage der Organisation der Arbeit beibehalten worden. Es erfuhr aber bei der in Hamburg durchgeführten Regelung erhebliche Verbesserungen, die seinen Charakter gegenüber dem früheren Zustand grundlegend änderten.

In der 12. Durchführungsverordnung zum Gesetz zur Ordnung der nationalen Arbeit wird bestimmt, daß der Treuhänder der Arbeit die Beschäftigung für alle Arbeiter in einem Hafen, der einen Gesamthafenbetrieb bildet, von dem Besitz einer Arbeitskarte abhängig machen kann, die der Führer des Gesamthafenbetriebes ausstellt. Die dazu erforderlichen Bestimmungen hat der Treuhänder der Arbeit im Benehmen mit dem Vorsitzenden des zuständigen Landesarbeitsamtes zu erlassen. Von dieser Ermächtigung hat der Treuhänder der Arbeit für das Wirtschaftsgebiet Nordmark durch Erlaß der Durchführungsbestimmung über die Arbeitskarten für den Hafen Hamburg vom 22. November 1935 Gebrauch gemacht. Die näheren Einzelheiten darüber sind in der Betriebsordnung für den Gesamthafenbetrieb des Hafens Hamburg enthalten.

Besonders wichtig ist es, daß der Kreis der Arbeitskartenpflichtigen durch Einbeziehung der Vizen und Lehrlinge erweitert wurde. Die Vizen im Hafen Hamburg sind die Betriebsbeauftragten der Hafeneinzelbetriebe, denen die Beaufsichtigung der Hafenarbeiter und der Hafenarbeit übertragen und in der Praxis fast vollständig selbständig überlassen wird. Im besonderen ist dies im Stauereibetrieb der Fall. Die Vizen übten in der Vergangenheit im Hamburger Hafen infolgedessen eine außerordentliche Macht aus; denn von ihnen hing es im wesentlichen ab, ob ein Hafenarbeiter, der im Besitz der Arbeitskarte war, nun auch tatsächlich zur Arbeit herangezogen und wie lange er bei dieser Arbeit belassen wurde. Daß die schrankenlose Ausübung derartiger Machtbefugnisse in einem so weitverzweigten Betrieb sehr leicht zu Mißständen und berechtigten Beschwerden führt, liegt nun einmal in der Natur des Menschen, besonders wenn diese noch nicht durch die Gedankengänge nationalsozialistischer Weltanschauung veredelt ist. So waren tatsächlich Auswirkungen eingetreten, die unter allen Umständen beseitigt werden mußten, wenn man eine Befriedung des Hafens von Dauer erreichen wollte. Die unbeschränkte Herrschaft, die diese Betriebsbeauftragten im Hafenbetrieb ausübten, stand der Organisation der Arbeit im Hafen stets im Wege, aber es war bisher niemals möglich gewesen, hier eine Aenderung zu erreichen. So war schließlich eine Gegensätzlichkeit zwischen diesen Aufsichtspersonen und den Hafenarbeitern, die sich aus irgend einem Grunde nicht ihrer Gunst erfreuten, entstanden, die jede soziale Verständigung unmöglich machte. Es ist ja aber eigentlich ganz selbstverständlich, daß man derartig weitgehende Befugnisse über das Schicksal anderer Menschen nur Personen einräumen kann, die in jeder Weise die dazu erforderlichen Qualifikationen besitzen. Das ist der erste Grundsatz nicht nur in der großen Staatsführung, sondern auch für jeden Wirkungskreis innerhalb des Staates. Im Hafenbetrieb bilden die Vizen das Unteroffizierkorps des Hafens. Und jeder, der militärische Verhältnisse kennt, weiß, welche hohen Anforderungen an die Angehörigen eines solchen Korps gestellt werden müssen, gerade weil es sich hier in besonderem Maße um die Kunst der Menschenbehandlung und Menschenführung handelt. Nur Personen, die durch ihre eigene Persönlichkeit in jeder Weise Vorbilder ihrer Untergebenen sein können, sind hierfür geeignet. Außerdem müssen natürlich die nötigen Erfahrungen und Fachkenntnisse vorhanden sein. Andere Gesichtspunkte dürfen bei der Auswahl und Einstellung dieser Aufsichtspersonen nicht ausschlaggebend sein.

Durch die Einbeziehung der Vizen in das Arbeitskartensystem wurde nun dem Führer des Gesamthafenbetriebes die Möglichkeit gegeben, von diesen wichtigen Posten ungeeignete Elemente zu entfernen und fernzuhalten. Auf der anderen Seite wurde den Vizen dadurch erst die Geschlossenheit eines Unteroffizierkorps gegeben, indem sie auch für ihren Beruf den Berufsschutz durch Fernhaltung von Ueberangebot und Verbleiben im Gesamthafenbetrieb nach Entlassung aus einem Hafeneinzelbetrieb erhielten. Damit ist ihnen die ausreichende wirtschaftliche Unabhängigkeit gegeben, die sie für die Erfüllung ihrer Pflichten bei den ausgedehnten Anordnungsbefugnissen und der großen Verantwortung gegenüber den Hafenarbeitern brauchen. Meist auf sich allein gestellt, ohne Möglichkeit, vom Betriebsführer besondere Instruktionen zu erhalten, müssen sie in eigener Verantwortung handeln und diese Verantwortung nach bestem pflichtgemäßen Ermessen selbst erfüllen können.

Durch die Einbeziehung der Vizen in das Kartensystem ist im Hafen Hamburg erst die Möglichkeit geschaffen, das Zusammenarbeiten im praktischen Betrieb zwischen Gefolgschaftsangehörigen und Betriebsführung in jeder Hinsicht so ersprießlich zu gestalten, wie es der nationalsozialistische Staat verlangt.

Die Einbeziehung der Lehrlinge hat den Zweck, die Beschäftigung von Lehrlingen zu regeln und zu verhindern, daß die Hafenarbeiter durch Lehrlingszüchterei in ihren Beschäftigungsmöglichkeiten geschädigt werden. Da jedem Lehrling der Anspruch darauf zugestanden wird, nach Beendigung seiner Lehrzeit durch Ausstellung einer Arbeitskarte als Hafenarbeiter weiterarbeiten zu können, ist es natürlich notwendig, dafür zu sorgen, daß die Zahl der auf diese Weise in den Hafenbetrieb hineinkommenden Hafenarbeiter dem vorhandenen Bedürfnis entspricht, und daß ausreichende Beschäftigungsmöglichkeit für sie vorhanden ist. Das kann nur erreicht werden, wenn diese Gesichtspunkte schon bei der Einstellung von Lehrlingen beachtet werden, was mangels Einbeziehung der Lehrlinge in das Kartensystem früher nicht möglich war. Die Einbeziehung war deshalb erforderlich, um eine Lücke in dem Kartensystem zu schließen, ganz abgesehen davon, daß die Hafeneinzelbetriebe sich durch das unbeschränkte Einstellen von Lehrlingen auf Kosten der tariflichen Arbeitslöhne eine Konkurrenz machten, bei dem die am wenigsten skrupelhaften Unternehmer im Vorteil und die ordnungsmäßig geführten Betriebe die Leidtragenden waren.

Lehrlinge dürfen jetzt im Speicherei- und Lagereibetrieb, Getreidekontrollbetrieb, Kornumstechereibetrieb und Ewerführereibetrieb beschäftigt werden. Sie können nur in die Gefolgschaft von Hafeneinzelbetrieben, nicht in die Gefolgschaft der Gesamthafenbetriebs-Gesellschaft m. b. H. eingestellt werden. Der Abschluß des Lehrvertrages und die Einstellung kann vor Bewilligung der Arbeitskarte nicht erfolgen. Die Anzahl der für einen Hafeneinzelbetrieb auszustellenden Arbeitskarten für Lehrlinge richtet sich nach der Anzahl der bei ihm durchschnittlich beschäftigten Hafenarbeiter. Karten werden nur für solche Betriebe ausgestellt, die als Lehrbetriebe vom Führer des Gesamthafenbetriebes anerkannt sind. Bei Ueberfüllung des Berufs wird die Ausstellung von Arbeitskarten für

Lehrlinge so lange gesperrt, bis wieder ausreichende Arbeitsmöglichkeit für die ausgelernten Lehrlinge vorhanden ist.

Die Arbeitskarte ist der Personalausweis für die Personen, die berechtigt sind, im Hafen Hamburg Hafenarbeit auszuführen. Sie ist nach Berufsgruppen unterschieden und mit einem Lichtbild des Inhabers versehen. Während der Arbeitszeit hat der Hafenarbeiter die Karte stets bei sich zu tragen und auf Verlangen den Inspektionsbeamten der Gesamthafenbetriebs-Gesellschaft vorzuzeigen. Die Prüfung der Ausstellung und der Ungültigkeitserklärung von Arbeitskarten erfolgt durch eine vom Führer des Gesamthafenbetriebes bei der Gesamthafenbetriebs-Gesellschaft m. b. H. eingesetzte Kommission, der auch Betriebsführer und Gefolgschaftsangehörige von Hafeneinzelbetrieben angehören. Zusammensetzung und Vollmachten bestimmt der Führer des Gesamthafenbetriebes durch besondere Anordnung. Die Kommission kann in Fällen leichterer Verstöße Verwarnungen erteilen. Für die Prüfung der Ausstellung und der Ungültigkeitserklärung von Arbeitskarten der Vizen wird vom Führer des Gesamthafenbetriebes eine besondere Kommission in entsprechender Zusammensetzung eingesetzt.

Die Entscheidung über die Ausstellung und Ungültigkeitserklärung hat der Führer des Gesamthafenbetriebes. Er wird sich im allgemeinen nach dem Prüfungsbericht der Kommission richten und nur in besonderen Fällen davon abweichen.

Die Aufnahme in die Betriebsgemeinschaft des Gesamthafenbetriebes erfolgt durch die Gesamthafenbetriebs-Gesellschaft m. b. H. durch Abschluß eines Einstellungsvertrages. Nur solche Personen dürfen in die Betriebsgemeinschaft des Gesamthafenbetriebes aufgenommen werden, für die die Ausstellung einer Arbeitskarte genehmigt ist. Der Einstellungsvertrag hat also die Aufnahme in die Betriebsgemeinschaft des Gesamthafenbetriebes zum Gegenstand, gleichviel ob der Einzustellende als Gesamthafenarbeiter zur Gefolgschaft der Gesamthafenbetriebs-Gesellschaft m. b. H. oder als Hafeneinzelbetriebsarbeiter zur Gefolgschaft eines Hafeneinzelbetriebes tritt.

Der Einstellungsvertrag gibt dem Gesamthafenarbeiter gegenüber der Gesamthafenbetriebs-Gesellschaft m. b. H. einen vertraglichen Anspruch auf Beschäftigung mit Hafenarbeit bei dem zum Gesamthafenbetrieb des Hafens Hamburg gehörenden Hafeneinzelbetrieben nach Maßgabe der vorhandenen Beschäftigungsmöglichkeiten und der „Betriebsordnung für den Gesamthafenbetrieb des Hafens Hamburg", sowie auf die Erfüllung der aus der Betriebszugehörigkeit sich ergebenden sozialen Sorgepflichten.

Als Gefolgschaftsangehöriger eines Hafeneinzelbetriebes gibt der Vertrag dem Hafenarbeiter einen vertraglichen Anspruch gegenüber der Gesamthafenbetriebs-Gesellschaft m. b. H., bei Entlassung aus dem Hafeneinzelbetrieb als Gesamthafenarbeiter zur Gefolgschaft der Gesamthafenbetriebs-Gesellschaft m. b. H. überzutreten, sofern die Gültigkeit seiner Arbeitskarte nicht auf den Hafeneinzelbetrieb beschränkt ist oder sie nicht aus anderen Gründen ihre Gültigkeit verliert.

Diese Ansprüche, sowie die wechselseitigen Rechte und Pflichten werden im einzelnen durch die dem Hafenarbeiter bei seiner Einstellung ausgehändigte Betriebsordnung für den Gesamthafenbetrieb und etwaige spätere Ergänzungen und Aenderungen geregelt.

Der Einstellungsvertrag ist etwas grundsätzlich Neues. Er macht den Unterschied, der zwischen der Neuregelung und dem früheren Zustand besteht, ganz besonders deutlich. Hier handelt es sich nicht mehr nur um eine Registrierung von Hafenarbeitern, die zur Regelung des Arbeitsmarktes vorgenommen wird. Die Arbeitskarte ist also jetzt nicht mehr eine Zulassungsbescheinigung für Arbeitsuchende, sondern der Ausweis für die Genehmigung der Einstellung in einen Betrieb. Daraus ergibt sich, daß die Ausstellung dieser Arbeitskarten nur im Rahmen der Einstellungsmöglichkeiten im Gesamthafenbetrieb erfolgen kann, und daß ebenso wenig Anspruch auf Ausstellung einer Arbeitskarte wie Anspruch auf Einstellung in irgend einen Betrieb besteht.

Dieser grundsätzlich neue Gesichtspunkt wird vielfach noch nicht richtig verstanden. Häufig zeigt es sich, daß noch die frühere Auffassung besteht, wonach die Ausstellung einer Arbeitskarte nur ein Anrecht gibt, irgendwo im Hafen Arbeit zu suchen. Wenn dies so geblieben wäre, dann wäre der Schritt von der Arbeitsmarktregelung zum Betrieb nicht getan worden. Diejenigen, die in die Betriebsgemeinschaft des Gesamthafenbetriebes aufgenommen und in einer der Gefolgschaften eingestellt sind, werden erkannt haben, daß nun die Arbeitskarte für sie eine ganz andere Bedeutung und einen ganz anderen Wert als früher hat. Darauf wird bei der Besprechung der Arbeitseinteilung noch näher einzugehen sein.

Die Einstellung beim Hafeneinzelbetrieb erfolgt durch den betreffenden Hafeneinzelbetrieb im Einvernehmen mit dem Führer des Gesamthafenbetriebes. Selbstverständlich kommen für die Hafeneinzelbetriebe nur Inhaber von gültigen Arbeitskarten, mit denen der Einstellungsvertrag geschlossen ist, in Frage. In der Regel soll die Einstellung als Hafeneinzelbetriebsarbeiter aus dem Kreis der Gesamthafenarbeiter erfolgen. Auch ist Voraussetzung für die Einstellung, daß tatsächlich für eine längere Zeit Beschäftigungsmöglichkeit für den Einzustellenden in dem Hafeneinzelbetrieb vorhanden ist. Die Betriebsordnung für den Gesamthafenbetrieb schreibt hier eine Dauer von zwei Monaten vor. Diese Vorschrift ist für die ordnungsgemäße Einhaltung der Bestimmungen über die Arbeitseinteilung der Hafenarbeiter notwendig und gestattet, daß den Hafeneinzelbetrieben die Auswahl der als Hafeneinzelbetriebsarbeiter einzustellenden Gesamthafenarbeiter freigestellt bleibt.

Der Aufnahme in die Betriebsgemeinschaft des Gesamthafenbetriebes und der Einstellung als Gesamthafenarbeiter oder Hafeneinzelbetriebsarbeiter steht die betriebliche Entlassung gegenüber. Die Entlassung eines Hafeneinzelbetriebsarbeiters aus einem Hafeneinzelbetrieb bedarf, wie jede Betriebsentlassung, der Kündigung. Auch ist dafür die Möglichkeit der Widerspruchsklage auf Grund des § 56 AOG. wegen unbilliger Härte gegeben. Andererseits aber hat die Entlassung aus einem Hafeneinzelbetrieb für den Entlassenen nicht die einschneidende Wirkung wie für entlassene Arbeiter anderer Gewerbe; denn der entlassene Hafeneinzelbetriebsarbeiter erscheint nicht auf dem Arbeitsmarkt und hat es nicht nötig, sich nun wieder ganz von neuem nach einer anderen Arbeitsstelle umzusehen und dabei womöglich lange Zeit arbeitslos zu bleiben. Er bleibt vielmehr auf Grund des mit ihm abgeschlossenen Einstellungsvertrages und der gültig bleibenden Arbeitskarte in der Betriebsgemeinschaft des Gesamthafenbetriebes und tritt ohne weiteres in die Gefolgschaft der Gesamthafenbetriebs-Gesellschaft m. b. H. über, durch die er schon am nächsten Tag nach seiner Entlassung wieder zur Arbeit eingeteilt wird. Das ist die große Bedeutung der Organisation der Arbeit für die Hafeneinzelbetriebsarbeiter, ein Schutz, den kein Arbeiter in einem anderen Gewerbe genießt.

Lediglich in den Fällen, in denen die Gültigkeit der Arbeitskarte und des Einstellungsvertrages auf einen bestimmten Hafeneinzelbetrieb beschränkt war, findet der Uebertritt in die Gefolgschaft der Gesamthafenbetriebs-Gesellschaft m. b. H. nicht statt. Jedoch ist in der Hafenschiffahrt durch die Bestimmungen der Betriebsordnung ein Berufsschutz für die entlassenen Hafeneinzelbetriebsarbeiter dadurch gegeben, daß sie beim Arbeitsamt in eine besondere Liste aufgenommen und bei freiwerdenden Arbeitsplätzen in ihrer Berufsgruppe zuerst Anrecht auf Wiedereinstellung haben. Die Beschränkung der Gültigkeit der Arbeitskarte auf einen Betrieb ist vor allem für die Gruppen von Hafenarbeitern nötig, bei denen eine besondere betriebliche Eignung erforderlich ist. Hierunter fallen die Vizen, Lademeister, Kranführer, die Besatzungen der Hafenschiffahrt, der Schleppdampfschiffs-Reedereien und der Motorschutenbetriebe, die Festmacher und die vereidigten Wäger.

Für die Vizen im Stauereibetrieb ist der Berufsschutz in der Form gegeben, daß sie bei Entlassung aus einem Hafeneinzelbetrieb auf Antrag eine Arbeitskarte als Schauermann erhalten und als solcher in die Gefolgschaft der Gesamthafenhafenbetriebs-Gesellschaft m. b. H. aufgenommen werden. Die Hafeneinzelbetriebe des Stauereigewerbes sollen als Stauervizen möglichst Vizen einstellen, deren Karte ruht, und zwar zunächst solche, die bei ihnen bereits als Stauervize tätig waren. Ein Verzeichnis der Stauervizen, deren Karte ruht, wird bei der Gesamthafenbetriebs-Gesellschaft m. b. H. geführt und soll vom Hafeneinzelbetrieb vor Einstellung von Stauervizen eingesehen werden. Der Rücktritt von entlassenen Stauervizen in den Schauermannsberuf ist dadurch gerechtfertigt, daß diese Aufsichtspersonen auch aus dem Schauermannsberuf hervorgehen sollen. Deshalb ist in der Betriebsordnung bestimmt, daß Vizenkarten nur solche Schauerleute erhalten, die mindestens zwei Jahre lang als Schauermann gearbeitet haben. Der Vizenberuf stellt also durch diese Regelung eine dem Schauermann vorbehaltene Aufstiegsmöglichkeit dar, die notwendig ist, um die Berufsfreudigkeit anzuspornen. Derartige Aufstiegsmöglichkeiten sollten auch in den übrigen im Hafenbetrieb bestehenden Berufsgruppen für Hafenarbeiter offengehalten werden.

Bei fristloser Entlassung eines Hafeneinzelbetriebsarbeiters durch einen Hafeneinzelbetrieb findet ein Uebertritt in die Gefolgschaft der Gesamthafenbetriebs-Gesellschaft m. b. H. selbstverständlich nicht statt. In diesem Falle erlischt vielmehr die Gültigkeit der Arbeitskarte und des Einstellungsvertrages mit der Entlassung. Wird einer Klage gegen die fristlose Entlassung stattgegeben, weil die fristlose Entlassung ungerechtfertigt war, so ist die Kündigung damit aufgehoben, die Arbeitskarte und der Einstellungsvertrag wieder gültig geworden. Wählt der Hafeneinzelbetrieb statt der Wiedereinstellung die Zahlung einer Entschädigung gemäß § 57 AOG., so wird der Entlassene mit Ablauf derjenigen Zeit, für welche innerhalb der Entschädigungssumme eine Abgeltung enthalten ist, wenn die Gültigkeit seiner Arbeitskarte nicht auf den Hafeneinzelbetrieb beschränkt war, in die Gefolgschaft der Gesamthafenbetriebs-Gesellschaft m. b. H. übernommen. Ebenso wird verfahren, wenn die nicht fristlose Kündigung eines Hafeneinzelbetriebsarbeiters wegen unbilliger Härte als ungültig erklärt, seine Wiedereinstellung in den Hafeneinzelbetrieb aber abgelehnt wird. Ist die fristlose Entlassung zu Recht erfolgt, so ist vorgesehen, daß der Entlassene trotzdem bei der Gesamthafenbetriebs-Gesellschaft m. b. H. einen Antrag auf Einstellung als Gesamthafenarbeiter stellen kann, über den je nach der Lage des Falles entschieden wird. Diese Möglichkeit ist deshalb gegeben, weil die fristlose Entlassung in einem Betrieb oftmals aus Gründen erfolgt, die wohl ein Zusammenarbeiten in dem Hafeneinzelbetrieb unmöglich machen, die es aber noch nicht rechtfertigen, daß der Entlassene vollkommen aus seinem Beruf als Hafenarbeiter ausgeschlossen wird. Bestände diese Möglichkeit nicht, so würde die fristlose Entlassung aus einem Hafeneinzelbetrieb für den Hafenarbeiter Auswirkungen haben, wie sie kein Arbeiter eines anderen Gewerbes zu tragen hat.

In derselben Weise ist die Entlassung der Gesamthafenarbeiter geregelt. Auch hier werden bei einer fristlosen Entlassung aus einem Hafeneinzelbetrieb zunächst die Arbeitskarte und der Einstellungsvertrag ungültig, und es entscheidet sich dann genau in derselben Weise wie bei dem Hafeneinzelbetriebsarbeiter, ob der Entlassene wieder in die Gefolgschaft der Gesamthafenbetriebs-Gesellschaft m. b. H. aufzunehmen ist oder nicht. Selbstverständlich ist auch eine fristlose Entlassung von Gesamthafenarbeitern durch die Gesamthafenbetriebs-Gesellschaft m. b. H. möglich.

Im übrigen bedarf es für die Entlassung von Gesamthafenarbeitern der Kündigung durch die Gesamthafenbetriebs-Gesellschaft m. b. H., die nur möglich ist, wenn die Ungültigkeitserklärung der Arbeitskarte ausgesprochen wird. Die Kündigungsfrist beträgt 14 Tage. Mit der Entlassung aus der Gefolgschaft der Gesamthafenbetriebs-Gesellschaft m. b. H. endet die Gültigkeit der Arbeitskarte und des Einstellungsvertrages. Auch gegen diese Entlassung ist selbstverständlich die Widerspruchsklage nach dem Gesetz zur Ordnung der nationalen Arbeit möglich.

Die Entlassung aus der Gefolgschaft der Gesamthafenbetriebs-Gesellschaft m. b. H. erfolgt nach demselben Gesichtspunkte wie in anderen Betrieben, sei es, daß die Arbeitsmöglichkeit zurückgeht, sei es, daß ein Gesamthafenarbeiter aus irgend einem wichtigen Grunde sich als ungeeignet erwiesen hat, Angehöriger der Gefolgschaft zu bleiben.

Außerdem muß die Entlassung erfolgen bei Erreichung der Höchstaltersgrenze, die vom Treuhänder der Arbeit auf 65 Jahre festgesetzt ist. Die Höchstaltersgrenze ist festgesetzt, um für den Nachwuchs in der Hafenarbeiterschaft die erforderlichen Arbeitsstellen freizumachen. Die 65jährigen Hafenarbeiter sind, soweit ihnen nicht von den Hafeneinzelbetrieben, wie es häufig der Fall ist, wegen langjähriger Dienstzeit eine Zuschußrente gezahlt wird, auf die Rente der Invalidenversicherung angewiesen*). Da die Höhe dieser Rente zur Bestreitung des Lebensunterhalts des alten Hafenarbeiters nicht ausreicht und er nicht immer Angehörige hat, die für ihn sorgen können, so liegt natürlich in der Anwendung dieser Grenze eine nicht zu verkennende Härte. Sie wird dadurch etwas gemildert, daß in Fällen besonderer sozialer Härte, z. B. wenn der Hafenarbeiter noch unmündige Kinder zu ernähren hat, eine ausnahmsweise Verlängerung der Höchstaltersgrenze, meistens aber nur um einige Monate, vorgenommen werden kann. Grundsätzlich bleibt das Problem der alten Hafenarbeiter noch zu lösen. Hier ist also noch die Erfüllung einer Ehrenpflicht offen, den in der Hafenarbeit ergrauten Gesamthafenarbeitern und auch vielen Hafeneinzelbetriebsarbeitern eine Sicherung für ihr Alter zu schaffen. Wenn das der Fall ist, wird man von dem Hafenarbeiter in der Ausübung seiner Arbeit ein besonderes Interesse und denjenigen Einsatz seiner Person für die Leistungsfähigkeit des Hafens erwarten können, den eben nur jemand geben kann, der weiß, daß er sein Leben lang nicht vergebens gearbeitet hat, sondern daß er der Zeit des Alters, wenn

---

*) Vergl. hierzu S. 77.

seine Kräfte in dieser Arbeit abgenutzt sind, beruhigt entgegensehen kann.

Das Problem ist vom Vorstand des Hafenbetriebs-Vereins bereits im Jahre 1930 bearbeitet worden, indem der Plan zur Schaffung eines Altersheims vorgelegt wurde. Wenn es damals nicht zur Durchführung kam, so lag dies daran, daß gerade in diesen Jahren der plötzliche Umschwung im Hafenverkehr durch die Weltwirtschaftskrise eintrat.

Es wird nun klar werden, daß auch hinsichtlich der Entlassung von Hafenarbeitern eine grundsätzliche Aenderung durch die Neuregelung eingetreten ist, denn es handelt sich eben um eine richtige Entlassung aus einem Betrieb, nicht um den Ausschluß vom Arbeitsmarkt durch Einzug der Arbeitskarte, wie es früher der Fall war. Diese Entlassung hat also nicht mehr, wie früher die Einziehung der Arbeitskarte durch die Schlichtungsstelle, den Charakter einer Bestrafung. Das Primäre ist die Notwendigkeit der Entlassung aus dem Betrieb, auf Grund deren die Ungültigkeitserklärung der Arbeitskarte geprüft wird.

Wie sich auch aus den vorstehenden Ausführungen ergibt, ist die Arbeitskarte allein nicht mehr das charakteristische Merkmal der im Hafen Hamburg getroffenen Regelung, sondern es gehört dazu vor allem die betriebliche Einstellung. Ob man in allen deutschen Häfen dieser Form folgt, ist eine Frage, die nach den örtlichen Verhältnissen beurteilt und entschieden werden muß.

Die Arbeitseinteilung der Gesamthafenarbeiter

Die grundsätzliche Abkehr von dem früheren Zustand zeigt sich auch bei der Arbeitseinteilung der Gesamthafenarbeiter. Es erscheinen in den Einteilungsräumen nun nicht mehr jeden Tag arbeitsuchend sämtliche Hafenarbeiter, ohne zu wissen, ob sie wohl zu einer Arbeitsschicht angenommen werden oder unverrichteter Sache wieder nach Hause gehen müssen, eine Enttäuschung, die viele früher oft wochenlang hatten, die sie schließlich zermürbte und in einen Zustand von Hoffnungslosigkeit versetzte, der ihnen den ganzen Hafenbetrieb gleichgültig oder verhaßt werden ließ. Hier wird jetzt keine Arbeit mehr nach Gunst und Gnade, ja selbst nicht nach bestimmter Reihenfolge auf Arbeitsuchende verteilt. Hier erscheinen jetzt die Gefolgschaftsangehörigen eines Betriebes, um sich ihre Order zu holen, an welchen Arbeitsplatz sie für den betreffenden Tag eingeteilt sind. Es spielt sich hier im Gesamthafenbetrieb genau der gleiche Vorgang ab wie im Einzelbetrieb, der seine Hafeneinzelbetriebsarbeiter an sein Kontor bestellt, um sie dort zur Arbeit einzuteilen. Die Anmeldung der benötigten Gesamthafenarbeiter erfolgt durch den betreffenden Hafeneinzelbetrieb, die Einteilung zur

Arbeit nimmt die Gesamthafenbetriebs-Gesellschaft m. b. H. für ihre Gefolgschaft selbst vor.

Hat man sich einmal klar gemacht, daß hier feste Gefolgschaftsangehörige der Gesamthafenbetriebs-Gesellschaft m. b. H. für den Gesamthafenbetrieb zur Arbeit eingeteilt werden, so versteht man, daß folgerichtig eine Auswahl durch Beauftragte der Hafeneinzelbetriebe ausgeschlossen ist. Gehört jemand zur Gefolgschaft des Gesamthafenbetriebes, dann muß er auch zur Arbeit eingeteilt werden. Ist er als Gefolgschaftsangehöriger ungeeignet, so muß er aus der Gefolgschaft entlassen werden. Daß nur geeignete Gefolgschaftsangehörige vorhanden sind, dafür hat die Gesamthafenbetriebs-Gesellschaft m. b. H. in Zusammenarbeit mit den Hafeneinzelbetrieben zu sorgen. Die Betriebsordnung bestimmt deshalb, daß die Hafeneinzelbetriebe verpflichtet sind, der Gesamthafenbetriebs-Gesellschaft m. b. H. Mitteilung zu machen, wenn Gesamthafenarbeiter sich als ungeeignet erweisen, da die Eignung sich nur bei der Arbeit selbst feststellen läßt. Von der gewissenhaften Befolgung dieser Pflicht hängt es im besonderen ab, ob die Gefolgschaft jederzeit berechtigten Ansprüchen genügt.

Die Auswahl, die jeder Betrieb bei der Einstellung von Arbeitern hat, findet also für den Gesamthafenbetrieb bei der Einstellung durch die Gesamthafenbetriebs-Gesellschaft m. b. H. statt. Darüber hinaus kann bei der täglichen Arbeitseinteilung eine nochmalige Auswahl und Zurückweisung von Gefolgschaftsangehörigen ebenso wenig erfolgen, wie bei der Einteilung der Hafeneinzelbetriebsarbeiter zur Arbeit. Mit dem Begriff des Gesamthafenbetriebes ist also die geregelte Arbeitseinteilung unlöslich verbunden. Die Arbeitseinteilung ist nicht unter dem Gesichtspunkte anzusehen, als handele es sich darum, die vorhandene Arbeit auf die Gesamthafenarbeiter zu verteilen. Vielmehr werden diese zur Arbeit eingeteilt, und indem dies unter Beachtung gewisser Regeln und Vorschriften geschieht, wird als Ergebnis eine gleichmäßige Verteilung der Arbeit auf die Gesamthafenarbeiter erreicht. Auf welchem Wege dies erreicht wird, sei es durch Einhalten einer bestimmten Reihenfolge, sei es durch Schaffung eines Ausgleichs auf andere Weise, ist lediglich eine Zweckmäßigkeitsfrage, deren Lösung mit zu den Aufgaben der Betriebsordnung gehört.

Der Wunsch der Gesamthafenarbeiter geht dahin, für alle Gefolgschaftsangehörigen eine möglichst gleiche Verdiensthöhe zu erzielen, damit alle ihre Lebensexistenz in der Hafenarbeit gesichert sehen und das Risiko der Verkehrsschwankungen gleichmäßig tragen. Das ist das Primäre für den Gesamthafenarbeiter. Daneben sprach natürlich auch der Wunsch mit, aus einer mit Recht als unwürdig empfundenen Verteilungsweise durch täglich erneutes Aussuchen durch die Vizen befreit zu werden. Diese Zustände waren schon vor der Bildung des Gesamthafenbetriebes ein Gegenstand dauernder Sorge für den Hafenbetriebs-Verein und seinen Vorstand gewesen, trugen sie doch ganz wesentlich die Schuld daran, daß die kommunistischen Hetzer bei den Hafenarbeitern ein leichtes Tätigkeitsfeld fanden. Schon im Jahre 1928 schlug der Vorstand des Hafenbetriebs-Vereins die Einführung einer grundlegenden Reform des Verteilungssystems vor. Die Zeit war dafür aber noch nicht reif. Als die nationalsozialistische Bewegung sich durchgesetzt hatte, war es selbstverständlich, daß ein Zustand schnellstens beseitigt werden mußte, der der Gewinnung der Arbeiterschaft für den nationalen Staat im Wege stand. Der Vorstand des Hafenbetriebs-Vereins machte deshalb im Sommer 1933, also schon zu einer Zeit, als das Gesetz zur Ordnung der nationalen Arbeit noch nicht erlassen war, dem Verwaltungsrat des Hafenbetriebs-Vereins in einem Gutachten den Vorschlag, die freie Auswahl abzuschaffen. Der Verwaltungsrat bekannte sich einstimmig zu diesem Vorschlag. Damit war der erste Schritt zur gesamtbetrieblichen Regelung getan.

Die ausführliche Behandlung dieser Frage mag jetzt, nachdem die neue Organisation durchgeführt ist, vielleicht überflüssig erscheinen, sie ist aber nötig, weil gerade hier immer wieder die Kritiker, um nicht zu sagen Kritikaster, ansetzen und auch nur zu leicht Fernstehende, die die Zusammenhänge nicht kennen, mit dem Argument verblüffen, daß es doch ganz selbstverständlich sein müßte, daß sich jeder Betrieb die Leute, die er beschäftigen will, selbst auswählt. Das ist eben nicht selbstverständlich im Gesamthafenbetrieb, in dem diese Auswahl bereits bei der Einstellung getroffen ist.

Auf der anderen Seite muß natürlich auch der Gesamthafenarbeiter den Wandel der Dinge erkennen und sich danach einstellen oder umstellen. Es ist auch für seine Pflichten etwas anderes, ob er jetzt ein Gefolgschaftsangehöriger eines Betriebes ist, oder ob er früher an die Küste herunterkam, wenn es ihm gerade paßte, sich nach Arbeit umzusehen. Auch wird von ihm eine viel sorgsamere Erfüllung seiner Arbeitspflicht als früher gefordert. Es steht nun nicht mehr in seinem Belieben, ob er zur Arbeitseinteilung kommen will oder nicht. Er ist dazu durch die Betriebsordnung verpflichtet und muß mit seiner Entlassung rechnen, wenn er die Arbeitseinteilung wiederholt unentschuldigt versäumt. Das empfindet mancher gewiß als einen neu auferlegten Zwang. In Wirklichkeit ist es aber nur die notwendige Folge der Betriebsbildung und nur die gleiche Pflicht, die jeder Betriebsangehörige hat, sich im Betriebe einzufinden.

Zur Arbeitseinteilung werden nur diejenigen Gesamthafenarbeiter bestellt, die zur Arbeit benötigt werden. Die nicht bestellten Gesamthafenarbeiter brauchen an diesem Tage nicht zu erscheinen. Es werden ihnen also unnötige Wege und Zeitverlust erspart. Die Bestellung zur Einteilung erfolgt am Abend des Vortages durch den Rundfunk nach der Nummer der Einteilungskarte auf Grund der vorliegenden Angaben der Hafeneinzelbetriebe. Die Benutzung des Rundfunks zu diesem Zwecke, die einer Anregung des Führers des Gesamthafenbetriebes entsprang, ist eine wichtige Erleichterung und Verbesserung für die Gesamthafenarbeiter. Sie wäre in früheren Zeiten wohl kaum zugelassen worden. Im nationalsozialistischen Staat machte es dagegen, zumal bei der Unterstützung durch den Reichsstatthalter von Hamburg, keinerlei Schwierigkeiten, den Rundfunk hier einem dringenden praktischen Bedürfnis dienstbar zu machen. Dadurch wurde es möglich, die Einteilungszeit ganz wesentlich zu verkürzen und sie auf eine Stunde am Morgen vor Beginn der Arbeit zu beschränken. Eine Stunde muß also der Gesamthafenarbeiter morgens früher erscheinen, um sich seine Arbeitsorder zu holen, während der Hafeneinzelbetriebsarbeiter meist gleich auf seinen ihm am Vortage bestimmten Arbeitsplatz gehen kann. Das ist eigentlich in der praktischen Betätigung der einzige bemerkenswerte Unterschied zwischen beiden. Natürlich läßt sich die Zahl der an einem Tage benötigten Gesamthafenarbeiter nicht auf den letzten Mann genau vorausbestimmen, so daß häufig einige nicht eingeteilt werden. Diese werden dann zur zweiten Schicht desselben Tages eingeteilt, so daß auch sie nicht vergeblich erschienen sind. Praktisch bekommt also fast jeder zur Arbeitseinteilung bestellte Gesamthafenarbeiter auch Arbeit an diesem Tage, sei es in erster, zweiter oder dritter Schicht, oder er bekommt bereits am Nachmittag seinen Arbeitsplatz für den nächsten Morgen zugewiesen, so daß er ihn morgens unmittelbar aufsuchen kann. Die Einteilung zur zweiten oder dritten Schicht findet am Nachmittage von 2¼ bis 3 Uhr statt. Auch zu dieser Einteilung werden die benötigten Gesamthafenarbeiter durch Rundfunk bestellt.

Im einzelnen schreibt die Betriebsordnung vor, wie die Arbeitseinteilung durch die Gesamthafenbetriebs-Gesellschaft vorzunehmen ist. Dabei ist vor allem auf die Gleichmäßigkeit der Beschäftigung und darauf Rücksicht zu nehmen, den richtigen Mann an die richtige Stelle zu stellen. Es ist nicht immer leicht, beide Erfordernisse miteinander in Einklang zu bringen. Die Gesamthafenbetriebs-Gesellschaft hat dabei unter Berücksichtigung der praktischen Erfordernisse des täglichen Betriebes zu verfahren und kann notfalls nach bestem Ermessen von Bestimmungen der Betriebsordnung abweichen, ohne daß hieraus Entschädigungsansprüche gegen sie geltend gemacht werden können.

Die Gesamthafenarbeiter werden zunächst innerhalb ihrer Berufsgruppen eingeteilt. Soweit in der Berufsgruppe keine Beschäftigung vorhanden ist, können sie auch in anderen Berufsgruppen, für die sie geeignet sind, zur Arbeit eingeteilt werden. Ihre Eignung zur Tätigkeit in anderen Berufsgruppen ist auf der Einteilungskarte besonders kenntlich gemacht. Die Gesamthafenarbeiter sind verpflichtet, die ihnen zugeteilte Arbeit in einer anderen Berufsgruppe zu den Arbeitsbedingungen dieser Berufsgruppe auszuführen.

Kann in Fällen unvorhergesehener Arbeitshäufung die Bewältigung der vorhandenen Arbeit durch die vorhandenen Hafenarbeiter nicht gewährleistet werden, so sind den Hafeneinzelbetrieben zur Ergänzung der erforderlichen Anzahl von Gesamthafenarbeitern von der Gesamthafenbetriebs-Gesellschaft Aushilfsarbeiter zuzuteilen.

Die Aushilfsarbeiter sind von der Gesamthafenbetriebs-Gesellschaft in einer Liste, soweit möglich je nach ihrer Eignung nach Berufsgruppen getrennt, zu führen. Es dürfen nur solche Arbeiter als Aushilfsarbeiter geführt werden, die auf der Vorschlagsliste des Arbeitsamtes stehen. Sie erhalten von der Gesamthafenbetriebs-Gesellschaft eine besondere Zulassungsbescheinigung als Aushilfsarbeiter. Sie dürfen zur Arbeit den Hafeneinzelbetrieben nur durch die Gesamthafenbetriebs-Gesellschaft zugeteilt werden.

Die Aushilfsarbeiter sollen, wenn sie als solche tätig waren und sich als geeignet erwiesen haben, bei Einstellungen von Gesamthafenarbeitern zuerst berücksichtigt werden.

Im Bedarfsfalle sind die Aushilfsarbeiter durch Rundfunk zu einem Einteilungsraum zu bestellen und von diesem nach Bedarf zur Arbeit einzuteilen.

Eine Verpflichtung der Aushilfsarbeiter, der Bestellung Folge zu leisten, besteht nicht, ebenso wenig besteht für die Gesamthafenbetriebs-Gesellschaft eine Verpflichtung, sie zur Arbeit einzuteilen. Soweit die Aushilfsarbeiter nicht zur Arbeit eingeteilt werden können, ist ihnen das Fahrgeld zu erstatten.

Die Aushilfsarbeiter gehören während der Dauer ihrer Beschäftigung in einem Hafeneinzelbetrieb zur Gefolgschaft dieses Hafeneinzelbetriebes. Sie gehören dagegen nicht zur Gefolgschaft der Gesamthafenbetriebs-Gesellschaft. Sie müssen in jedem Falle mit Beendigung der Arbeit an einem Arbeitstage aus dem Hafeneinzelbetrieb wieder entlassen werden. Eine Kündigungsfrist besteht nicht.

Haben sich die Aushilfsarbeiter durch hin und wieder vorkommendes Arbeiten mit der Hafenarbeit vertraut gemacht und sich darin bewährt, so werden sie bei notwendig werdenden Einstellungen in die Gefolgschaft aufgenommen. Im Jahre 1935 wurden auf diese Weise von 400 Aushilfsarbeitern 316 als Gesamthafenarbeiter in die Gefolgschaft der Gesamthafenbetriebs-Gesellschaft eingestellt.

Für die Einteilung der Gesamthafenarbeiter zur Arbeit unterhält die Gesamthafenbetriebs-Gesellschaft geeignete Einteilungsräume, die nach Berufsgruppen getrennt sind. Die Zuweisung der Gesamthafenarbeiter auf die einzelnen Einteilungsräume und notwendig werdende Versetzungen sind Sache der Gesamthafenbetriebs-Gesellschaft. Die Hafeneinzelbetriebe sind verpflichtet, sich sämtliche für ihren Betrieb erforderlichen Hafenarbeiter nur durch die Gesamthafenbetriebs-Gesellschaft zuteilen zu lassen. Gesamthafenarbeiter dürfen sich außerhalb der Einteilungsräume nicht zur Arbeit annehmen lassen.

Die Einteilung zur Arbeit selbst wird in den angeführten Berufsgruppen verschieden gehandhabt, grundsätzlich aber nach der Reihenfolge der Nummer der Einteilungskarte. In den Berufsgruppen, in denen besondere Fachkenntnisse erforderlich sind, werden die Gesamthafenarbeiter nach Fachgruppen geordnet und innerhalb dieser Fachgruppen nach der Reihenfolge zur Arbeit eingeteilt. So bilden im Stauereibetrieb die Winsch- und Decksleute und im Kaibetrieb die Hilfskranführer und Elektrokarrenführer besondere Fachgruppen. Im Speicherei- und Lagerbetrieb, im Ewerführereibetrieb sowie im Schiffs- und Kesselreinigungsbetrieb sind für verschiedene Spezialarbeiten Fachgruppen gebildet. Außerdem gibt es, soweit ein Bedürfnis dafür anerkannt ist, für einige Betriebe auch Betriebsgruppen von Gesamthafenarbeitern. Ferner gibt es besondere Fachgruppen für Vorarbeiter. Dies alles sei hier nur beispielsweise erwähnt, um zu zeigen, wie die Organisation der Arbeit in der Einteilung nicht schematisch verfährt, sondern den besonderen Bedürfnissen der Hafeneinzelbetriebe Rechnung trägt. Diese vielfache Unterteilung der Gesamthafenarbeiter in Berufsgruppen, Fachgruppen und Betriebsgruppen kompliziert natürlich die Einteilung selbst außerordentlich und stellt besondere Anforderungen an die damit betrauten Angestellten, denn bei aller Spezialisierung müssen sie immer noch darauf achten, daß die Gleichmäßigkeit der Beschäftigung gewahrt bleibt.

Ein wesentliches Mittel zur Sicherung der gleichmäßigen Beschäftigung ist die Regelung des Ausscheidens der Gesamthafenarbeiter aus den Hafeneinzelbetrieben. Würde es den Hafeneinzelbetrieben überlassen bleiben, die ihnen an einem Tage zugeteilten Gesamthafenarbeiter so lange zu beschäftigen, wie es ihnen beliebt, so wäre ein Ausgleich der Beschäftigungsmöglichkeit unter den Gesamthafenarbeitern ausgeschlossen. Es würde sich dann ergeben, daß ein Teil dauernd in Arbeit steht, während der andere Teil sich mit dem, was an Arbeit bei starkem Verkehr übrig bleibt, bescheiden müßte. Das ist nicht der Sinn des Gesamthafenbetriebes. In ihm wollen und sollen die Hafenarbeiter eine Gefahrengemeinschaft bilden und gemeinsam das Verkehrsrisiko tragen und unter sich ausgleichen. Gelingt dieser Ausgleich nicht, so ist dem Gesamthafenbetrieb der Sinn und Zweck genommen.

Die Betriebsordnung sieht deshalb vor, daß die Gesamthafenarbeiter an bestimmten Tagen der Woche aus dem Hafeneinzelbetrieb wieder ausscheiden müssen, in der Regel immer nach zwei Tagen, im Stauereibetrieb sogar täglich. Es ist klar, daß das häufige

Ausscheiden in der Arbeitswoche für den Hafeneinzelbetrieb und auch für die Gesamthafenarbeiter manchmal eine unangenehme Maßnahme ist, die aber in den Kauf genommen werden muß, solange nicht die Verdienstsicherung der Gesamthafenarbeiter auf andere Weise sichergestellt werden kann.

Es bestehen gegenwärtig im Hafen Hamburg 18 Einteilungsräume. Auf die Ausstattung der Einteilungsräume wird besondere Sorgfalt verwendet. Verschiedene sind mit Tagesräumen zum Aufenthalt für Gesamthafenarbeiter, die zwischen zwei Einteilungszeiten in der Stadt bleiben wollen, versehen. Dort liegen Zeitungen und Zeitschriften aus. Die Wände sind mit Oelgemälden aus dem Hafenbetrieb geschmückt, und Blumen geben dem Ganzen ein freundliches Aussehen.

Die Einteilung zur Arbeit wickelt sich rasch und ruhig ab, obwohl dort während dieser Zeit Hochbetrieb herrscht, weil die meisten Arbeiter täglich wieder neu eingeteilt werden müssen. Welche Zunahme die Tätigkeit der Arbeitseinteilung dadurch erfahren hat, ergibt sich aus der nachstehenden Uebersicht:

Anzahl der Einteilungen

Berufsgruppen:	1935	1932
Schauerleute	773 710	230 379
Kaiarbeiter	104 337	33 977
Ewerführer	24 458	8 742
Kohlenarbeiter	27 246	16 902
Speicherarbeiter	40 133	7 315
Schiffsreiniger	37 153	12 433
Ladungskontrolleure	26 652	9 110
Harburg	11 778	4 908
Gesamt	1 045 467	323 766

Während im Jahre 1932 in den aufgeführten Berufsgruppen insgesamt 323 766 Einteilungen vorgenommen wurden, waren 1935 1 045 467, also mehr als die dreifache Anzahl, erforderlich. Diese Mehrbelastung mußte im Interesse der Erzielung eines gleichmäßigeren Arbeitsverdienstes übernommen werden. Das günstige Ergebnis, das die tägliche Arbeitseinteilung im Jahre 1935 gegenüber der Einteilungsweise im Jahre 1932 in bezug auf den Arbeitsverdienst erzielte, ist aus der Gegenüberstellung der Verdienste der Gesamthafenarbeiter klar ersichtlich[*].

---
[*] Vergl. Seite 70.

Der Arbeitsverdienst

Die Gefahrengemeinschaft zur Erzielung eines gleichmäßigen Arbeitsverdienstes wird, wie schon gesagt, nicht von den Gesamthafenarbeitern allein, sondern von der ganzen Betriebsgemeinschaft gebildet. Es müssen dazu also auch die Hafeneinzelbetriebsarbeiter herangezogen werden. Deshalb ist in der 12. Durchführungsverordnung vorgesehen, daß der Treuhänder der Arbeit für sämtliche Hafenarbeiter eine Höchstarbeitszeit festsetzen kann.

Von dieser Ermächtigung hat für den Hafen Hamburg der Treuhänder der Arbeit Gebrauch gemacht und eine Höchstarbeitszeit von fünf Tagen in der Woche festgesetzt. Die Hafeneinzelbetriebsarbeiter geben also einen Arbeitstag in der Woche ab, um die dadurch freigewordene Beschäftigungsmöglichkeit den Gesamthafenarbeitern, die einen Verkehrsrückgang zuerst tragen müssen, zukommen zu lassen. Das ist ein Akt großer Arbeitskameradschaft, der anerkannt werden muß. Es ist den Hafeneinzelbetriebsarbeitern nicht immer leicht gewesen, auf diese Weise auf ein Sechstel ihres Arbeitsverdienstes zu verzichten. Sie haben aber dieses Opfer in der Erkenntnis gebracht, daß solche Opfer dem Gedanken wahrer Volksgemeinschaft entsprechen. Der Ausgleich für die Hafeneinzelbetriebsarbeiter besteht in dem Berufsschutz und der Gewißheit der sofortigen Weiterbeschäftigung als Gesamthafenarbeiter, wenn ihr Hafeneinzelbetrieb sie entlassen muß.

Durch die Höchstarbeitszeit werden in der Woche über 6000 Schichten von Hafeneinzelbetriebsarbeitern, also 0,9 Schichten in der Woche, für jeden Gesamthafenarbeiter frei. Da der einzelne Arbeiter vielfach aber mehr als sechs Schichten in der Woche arbeitete, so ist der Verdienstausgleich tatsächlich noch größer. Hinzu tritt nun zur weiteren Sicherung eines ausreichenden Wochenverdienstes für alle Gesamthafenarbeiter die bereits besprochene gleichmäßige Arbeitsverteilung und Anpassung der Gefolgschaftsstärke an den Beschäftigungsumfang.

Den Erfolg zeigt ein Vergleich mit den früheren Jahren:

Durchschnittliche wöchentliche Beschäftigung

Berufsgruppe	Schichten	
	1935	1932
Schauerleute	4,5	2,8
Kaiarbeiter	4,8	0,9
Lagerarbeiter	4,5	1,5
Ladungskontrolleure	4,8	2,1
Schiffs- und Kesselreiniger	4,4	1,3
Ewerführer	4,9	0,8
Speicherarbeiter	4,1	1,4

Im Jahre 1932 haben 8700 unständige Hafenarbeiter nur eine Beschäftigung von durchschnittlich 2,7 Schichten in der Woche gehabt, während im Jahre 1935 die Gesamthafenarbeiter der oben aufgeführten Berufsgruppen wöchentlich durchschnittlich 4,6 Schichten erreichten.

Dabei ist zu beachten, daß die tatsächliche Beschäftigung des einzelnen Arbeiters im Jahre 1932 nach oben und unten sehr stark von den Durchschnittszahlen abwich, während sich im Jahre 1935 die tatsächliche Beschäftigung jedes einzelnen Arbeiters mit der Durchschnittszahl fast deckte. Dies veranschaulicht das nachstehende Bild:

	1935		1932
Schichten	Arbeiter	Schichten	Arbeiter
6		6	648
5 Durchschnitt	7722	5	566
4		4	436
3		3 Durchschnitt	1134
2		2	1745
1		1	1483
0		0	2713

Dieses Bild zeigt auch deutlich den grundlegenden Unterschied der betrieblichen Organisation der Arbeit von 1935 gegenüber der vorher bestehenden mehr arbeitsmarktmäßigen Organisation. Es leuchtet ohne weiteres ein, daß bei einer Belassung der Verhältnisse, wie sie in dem obigen Bild für das Jahr 1932 dargestellt sind, eine betriebliche Erfassung der Hafenarbeiter im Gesamthafenbetrieb unmöglich gewesen wäre. Ein Abgehen von den Maßnahmen, die den für das Jahr 1935 aufgezeigten Erfolg herbeigeführt haben, würde einen Rückschritt in die Aufsplitterung unerhört abweichender Verdienstgruppen bedeuten und mit einer betrieblichen Gebundenheit und Verantwortung völlig unvereinbar sein. Das wäre gleichbedeutend mit der Beseitigung der Durchführung des Gesetzes zur Ordnung der nationalen Arbeit im Hafen Hamburg.

Man muß sich nur einmal plastisch vor Augen führen, was es heißt, daß von 8000 Arbeitern 1500 Arbeiter nur eine Schicht und fast 3000 Arbeiter gar keine Schicht durchschnittlich im Jahre erhielten, wobei zu beachten ist, daß im wesentlichen von dieser Minderbeschäftigung infolge der freien Auswahl immer dieselben Leute in jeder Woche betroffen wurden. Schließlich war es auf diese Weise soweit gekommen, daß diese Männer für Hafenarbeit allmählich ungeeignet geworden waren, und zwar sowohl körperlich infolge mangelnder Ernährung, als auch beruflich infolge mangelnder Uebung. Kamen sie dann an Höchstbeschäftigungstagen in Arbeit, so kann man sich leicht erklären, daß sich ihre herabgeminderte Leistungsfähigkeit in einem Ausmaße bemerkbar machte, durch das die Leistungsfähigkeit des Hafens empfindlich beeinträchtigt wurde. Dies führte dann infolge der Unkenntnis der inneren Zusammenhänge zur absprechenden Beurteilung der Leistungsfähigkeit der Arbeiter und der ganzen Regelung. Das Widersinnige ist nun, daß man vielfach daraus die Folgerung zog, die bevorzugte Heranziehung einzelner Hafenarbeiter noch zu verstärken, anstatt die grundsätzliche Abkehr von den alten Verhältnissen zu begrüßen, weil damit die für die Bewältigung des Güterumschlags unentbehrlichen Arbeiter wieder leistungsfähig wurden.

Eine Gegenüberstellung der durchschnittlichen Bruttowochenverdienste des letzten Vierteljahres 1935, in dem sich die betriebliche Regelung erstmalig voll auswirkte, und des letzten Vierteljahres 1932 zeigt nachstehende Uebersicht:

Durchschnittliche Bruttowochenverdienste

Berufsgruppen	1936 Jan./Apr. RM.	1935 Okt./Dez. RM.	1932 Okt./Dez. RM.
Schauerleute	40,78	36,—	26,40
Kaiarbeiter	42,60	38,40	11,20
Lagerarbeiter	42,41	36,—	12,—
Speicherarbeiter	41,32	32,80	11,20
Ladungskontrolleure	41,57	38,40	21,60
Schiffs- und Kesselreiniger	44,35	35,20	12,—
Ewerführer	41,42	39,20	6,40

Diese Uebersicht spricht für sich selbst. Während bei einem fast gleichgebliebenen Güterumschlag von rund 20 Millionen Tonnen und gleichgebliebenem Schichtlohn im Jahre 1935 jeder Gesamthafenarbeiter einen normalen Wochenverdienst hatte, waren im Jahre 1932, also zu einer Zeit, als die Neuregelung noch nicht in die Wege geleitet war, die Verdienstverhältnisse derart, daß diese Hafenarbeiter ihren Lebensunterhalt aus der Hafenarbeit nicht finden konnten.

Zur Beurteilung des tatsächlich verfügbaren Arbeitseinkommens muß die Höhe der Abzüge, aus denen sich der Netto-Arbeitsverdienst ergibt, herangezogen werden. Die Abzüge sind von 1932 bis 1935 im wesentlichen unverändert geblieben, so daß sie bei dem gestiegenen und regelmäßigen Bruttoverdienst leichter zu tragen sind als vorher.

Die von den Bruttoverdiensten abzusetzenden Wochenabzüge betragen für Krankenversicherung und Invalidenversicherung insgesamt RM. 3,04. Die nach dem Familienstand gestaffelten Steuerabzüge betrugen 1935 bei einem Wochenverdienst von RM. 35,— für Ledige RM. 2,10, für Verheiratete RM. 1,02 und für Verheiratete mit einem Kind RM. 0,42. Bei zwei und mehr Kindern entfällt der Steuerabzug bei diesem Wochenverdienst. Außerdem sind noch die Abzüge für Kirchensteuer (7 % des Steuerabzuges) und Bürgersteuer (monatlich RM. 3,50) zu berücksichtigen.

Bei einem Bruttoverdienst von RM. 35,—, den man als durchschnittlichen Wochenverdienst im Laufe eines Jahres ansetzen kann, hat also ein verheirateter Arbeiter mit zwei Kindern wöchentlich einen Nettoverdienst von RM. 31,66. Wie dieser Nettoverdienst sich zur Bestreitung der einzelnen Lebensbedürfnisse verteilt, ergibt die Nachprüfung von Haushaltsrechnungen.

Wenn es nun damit gelungen ist, den Gesamthafenarbeitern einen regelmäßigen Wochenverdienst von etwa RM. 35,— zu geben, so ist dies ein bei diesen bisher nicht gekannter Zustand. Hier fühlen tausende deutscher Arbeiter an ihrer Lebensexistenz praktisch die erfolgreiche Anwendung nationalsozialistischer Gedankengänge. Das macht sie zu guten, zuverlässigen Arbeitern für den Hafen Hamburg. Das ist es, was der Führer des Gesamthafenbetriebes in seinem Vorwort zur Betriebsordnung meint, wenn er sagt: „Die Existenzmöglichkeit der Gesamthafenarbeiter muß gefestigt und gesichert sein, damit sie mit Ruhe und Sicherheit ihren Beruf erfüllen können. Dann wird der Hafen Hamburg eine arbeitsfreudige und leistungsfähige Arbeiterschaft haben. Eine solche Arbeiterschaft bildet die beste Grundlage für das wirtschaftliche Gedeihen des gesamten Hafenbetriebes und der Hafeneinzelbetriebe."

Die Grundlagen aller Wirtschaftstätigkeit muß immer die Existenz der in der Wirtschaft Arbeitenden bilden. Das gilt auch für den Hafenbetrieb. Eine Rentabilitätsrechnung, die sich auf dem Gegenteil aufbaut, verursacht einen Krebsschaden am Volkskörper, dessen verderbliche Folgen nicht ausbleiben können. Bei allem Streben nach Verbilligung des Hafenverkehrs muß deshalb immer die Sicherung der Existenzgrundlage der Gefolgschaft gewahrt bleiben. Durch die geschaffene Organisation des Gesamthafenbetriebes ist die Sicherung ohne Verteuerung des Umschlags durch die Opferbereitschaft der Arbeiterschaft selbst und eine strenge Ordnung erreicht worden. Die Auflage, die den Hafeneinzelbetrieben dabei zugemutet wurde, beschränkte sich im wesentlichen auf die bei gutem Willen überwindbaren Schwierigkeiten, die ihnen bisweilen durch die Durchführung der Ordnung entstehen mögen.

Arbeitslosenversicherung und Hafenhilfe

Ein wichtiger Faktor für den Ausgleich der sich aus den Beschäftigungsschwankungen der Hafenarbeit ergebenden Verdienstausfälle und Verdienstunterschiede der Hafenarbeiter ist die Arbeitslosenversicherung und die Hafenhilfe.

Vor Einführung der Arbeitslosenversicherung erhielten die unständigen Hafenarbeiter neben ihrem Arbeitsverdienst und gestaffelt nach dessen wöchentlicher Höhe Erwerbslosenunterstützung. Es war eine wichtige Aufgabe, bei der Abfassung des im Jahre 1927 erlassenen Gesetzes über die Arbeitslosenversicherung dafür besorgt zu sein, daß die besonderen Verhältnisse der Hafenarbeit darin die notwendige Berücksichtigung fanden. Dementsprechend wurden in das Gesetz die Bestimmungen der §§ 98 und 105 Abs. 3, die ausdrücklich auf die Verhältnisse der Hamburger Hafenarbeiter abgestellt wurden, aufgenommen. Danach konnte die Reichsanstalt für Arbeitsvermittlung und Arbeitslosenversicherung anordnen, daß für die Erfüllung der Anwartschaft die Zeit, während der ein unständig Beschäftigter als solcher Mitglied der allgemeinen Orts- oder Landkrankenkasse ist, einer versicherungspflichtigen Beschäftigung ganz oder teilweise gleichsteht. Die Anordnungsbefugnis konnte dem Landesarbeitsamt übertragen werden. Für einzelne Gruppen von unständig Beschäftigten konnte die Reichsanstalt auch Sonderbestimmungen über die Berechnung des Arbeitsentgelts treffen.

Bei der Neufassung des Gesetzes im Jahre 1929 wurden diese Bestimmungen durch eine generelle Ermächtigung der Reichsanstalt und des Reichsarbeitsministeriums (§ 116 a) ersetzt, abweichende Vorschriften von der sonstigen gesetzlichen Regelung für Personen, die unständig beschäftigt zu sein pflegen, zu erlassen. In der Arbeitslosenversicherung sind also seit ihrem Bestehen sämtliche Hafenarbeiter laufend nach besonderen Bestimmungen versichert gewesen.

Maßgebend für die Arbeitslosenunterstützung der Hafenarbeiter ist seit dem Sommer 1933 die Anordnung des Präsidenten des

Landesarbeitsamtes Nordmark vom 7. Juli 1933, in der nach Verdienst und Familienstand gestaffelte Arbeitslosen- und Krisenunterstützungssätze festgesetzt sind, die dem Arbeiter neben seinem Arbeitsverdienst durch das Arbeitsamt zu zahlen sind.

An dieser Regelung der Arbeitslosenversicherung hat sich durch die Bildung des Gesamthafenbetriebes nichts geändert, da die innere Berechtigung für die Auszahlung von Unterstützungen neben dem Arbeitsverdienst nach wie vor besteht. Wenn auch durch die Bildung des Gesamthafenbetriebes, die Einführung der Höchstarbeitszeit, die gleichmäßige Arbeitseinteilung und die sonstigen Organisationsmaßnahmen die Auswirkungen der Beschäftigungsschwankungen der Hafenarbeit auf die Verdienste des einzelnen Hafenarbeiters weitgehendst ausgeglichen werden konnten, so ist doch die aus der Eigenart des Schiffsverkehrs entspringende Unständigkeit des Hafenbetriebes, die Veranlassung zur Sonderregelung der Arbeitslosenversicherung im Hafenbetrieb gab, unverändert bestehen geblieben. Auch nach Bildung des Gesamthafenbetriebes ist deshalb das Arbeitslosenversicherungsverhältnis der Gesamthafenarbeiter in der besonderen Form der Unterstützungszahlung während der Gefolgschaftszugehörigkeit beibehalten. Die aus der Gefolgschaft der Hafeneinzelbetriebe ausscheidenden kurzfristig beschäftigten Hafenarbeiter (Gesamthafenarbeiter) kommen nicht als Arbeitslose zum Arbeitsamt, sondern bleiben Gefolgschaftsangehörige. Das Gleiche ist der Fall bei den langfristig beschäftigten Hafenarbeitern der Hafeneinzelbetriebe (Hafeneinzelbetriebsarbeiter). Die im Gesamthafenbetrieb auftretende Arbeitslosigkeit erscheint also nicht beim Arbeitsamt, sondern verbleibt im Kreis des Gesamthafenbetriebes und wird innerhalb dieses Kreises ausgeglichen. Daraus ergibt sich die Berechtigung und Notwendigkeit, daß die gesetzliche Arbeitslosenunterstützung, die bei Unterschreiten bestimmter Verdienstgrenzen dem Arbeiter zusteht, in den Kreis der Gesamthafenarbeiter hineinverlegt ist, d. h. also neben dem Arbeitsverdienst zur Auszahlung kommt.

Im Oktober 1934 erfuhren die Sätze der Arbeitslosenunterstützung auf Initiative des Reichsstatthalters Karl Kaufmann eine Erhöhung. Die Auszahlung wurde von der Hamburgischen Gesundheits- und Fürsorgebehörde unter Verrechnung der gesetzlichen Unterstützungssätze übernommen. Die erhöhten Sätze wurden als „Hafenhilfe" bezeichnet und auch den Hafeneinzelbetriebsarbeitern zugesprochen. Für die Berechnung und Auszahlung richtete die Gesundheits- und Fürsorgebehörde eine besondere Dienststelle ein.

Die Arbeitslosenversicherungsbeiträge für die Gesamthafenarbeiter und für die Hafeneinzelbetriebsarbeiter werden nach wie vor über die Krankenkassen an die Reichsanstalt abgeführt. Diese erstattet der „Hafenhilfe" als Pauschalbetrag die von ihr zu tragenden Arbeitslosenunterstützungsbeträge.

Die Beiträge zur Arbeitslosenversicherung sind für die Hafenarbeiter dieselben wie für alle anderen Arbeiter. Sie betragen gegenwärtig 6%, wovon 3% der Betrieb und 3% der Arbeiter trägt.

Die Hafenhilfe hat sich besonders für die Kinderreichen segensreich ausgewirkt. Mit ihr ist ein Sozialausgleich geschaffen.

Es ist nun interessant, festzustellen, daß sich die Neuregelung im Gesamthafenbetrieb für die Reichsanstalt außerordentlich günstig ausgewirkt hat. Aus einem Zuschußgebiet ist der Hafen ein Ueberschußgebiet geworden, und zwar trotz der erhöhten Sätze der Hafenhilfe. Das ist ausschließlich das Verdienst dieses Wirtschaftskreises selbst, der aus eigenem Entschluß und eigenen Mitteln Beschränkungen und Kosten auf sich nahm und so im Endeffekt der Reichsanstalt eine ganz wesentliche Entlastung schuf. Es ist daher durchaus gerechtfertigt, daß für diese Opfer dem Gesamthafenbetrieb ein Ausgleich gewährt wird.

Einmal ist zu berücksichtigen, daß die Gesamthafenarbeiter ihren Verdienst mit den Hafeneinzelbetriebsarbeitern, die aus den Hafeneinzelbetrieben entlassen werden, teilen, so daß diese nicht der Reichsanstalt zur Last fallen. An ausscheidende Hafeneinzelbetriebsarbeiter wird also nur in seltenen Fällen Arbeitslosenunterstützung zu zahlen sein. Mit anderen Worten, die Beiträge aus der Beschäftigung von Hafeneinzelbetriebsarbeitern kommen der Reichsanstalt fast voll zugute. Bei 9000 Hafeneinzelbetriebsarbeitern, also ohne Berücksichtigung der 2500 Arbeiter der Hamburger Freihafen-Lagerhaus-Gesellschaft, waren dies im Jahre 1935 ca. RM. 1 120 000. An Hafenhilfe sind an Hafeneinzelbetriebsarbeiter im Jahre 1935 insgesamt etwa RM. 61 000 gezahlt worden, die aber nicht von der Reichsanstalt getragen werden.

Die Beiträge für die Gesamthafenarbeiter betrugen im Jahre 1935 RM. 785 000. Die Leistungen der Reichsanstalt für die Gesamthafenarbeiter haben sich, wie schon gesagt, durch die gleichmäßige Arbeitsverteilung wesentlich verringert. Zugleich sind, bei einem Durchschnitt von vier Schichten in der Woche, die Erstattungsbeträge für die Sozialversicherung so gut wie ganz in Fortfall gekommen. Insgesamt sind im Jahre 1935 an Gesamthafenarbeiter etwa RM. 538 000 ausgezahlt worden. Das liegt an dem trotz allen Ausgleiches nicht ganz zu beseitigenden Auswirkungen der wöchentlichen und monatlichen Schwankungen des Schiffsverkehrs. Es ergibt sich danach bei den Gesamthafenarbeitern ein Ueberschuß von annähernd RM. 250 000 für die Reichsanstalt.

Die Lohnzahlung

Zu den notwendigen Maßnahmen für die Organisation der Arbeit im Hafen gehört die Regelung der Lohnauszahlung der Gesamthafenarbeiter. Die Notwendigkeit hierfür ergibt sich daraus, daß die Beschäftigung der Gesamthafenarbeiter im Hafeneinzelbetrieb jeweils nur einen oder wenige Tage dauert und die Hafeneinzelbetriebe vielfach keine feste Arbeitsstelle haben, wo sie ein Lohnauszahlungskontor unterhalten können. Die tägliche Abholung ihres Lohnes am Kontor des Hafeneinzelbetriebes würde aber nicht nur für die Gesamthafenarbeiter äußerst beschwerlich sein, sondern die Hafeneinzelbetriebe müßten auch bei dem täglichen Wechsel der Zahl der beschäftigten und zu entlohnenden Gesamthafenarbeiter Einrichtungen für die Lohnauszahlungen unterhalten, die einer Höchstbeschäftigung in ihrem Betriebe genügen, also an den meisten Tagen unausgenützt sein und deshalb für sie eine unproduktive Belastung bedeuten würden. Vor der Inangriffnahme der Organisation der Arbeit durch den Hafenbetriebs-Verein hatte sich bei dieser Sachlage der Uebelstand herausgebildet, daß die Hafenarbeiter häufig in Gastwirtschaften entlohnt wurden. Abgesehen davon, daß hierbei nicht die gesetzlich vorgeschriebenen Abzüge vorgenommen und notwendigen Aufzeichnungen gemacht wurden, war der Hafenarbeiter geradezu gezwungen, einen Teil seines Verdienstes in der Gastwirtschaft auszugeben.

Eine der ersten Maßnahmen des Hafenbetriebs-Vereins zur Organisation der Arbeit im Hafen war deshalb die Schaffung von besonderen Lohnkassen, an denen die Lohnanweisungen, die die Arbeiter an ihren Arbeitsstellen erhielten, eingelöst werden konnten. Die Stauerei-, Kai- und Schiffs- und Kesselreinigungsbetriebe waren durch die Tarifverträge gezwungen, die Lohnkassen des Hafenbetriebs-Vereins zur Auszahlung zu benutzen. Darüber hinaus benutzten die meisten Betriebe auch der anderen Berufsgruppen diese Lohnkassen für die Lohnauszahlung der bei ihnen beschäftigten unständigen Hafenarbeiter. Da durch die Einrichtung der Lohnkasse des Hafenbetriebs-Vereins eine einwandfreie Einziehung der Steuerabzüge und Sozialversicherungsbeiträge gewährleistet war, hatten sowohl die Finanzbehörden als auch die Versicherungsträger ein lebhaftes Interesse an dieser Einrichtung. Die in der Lohnkasse beschäftigten Angestellten wurden als Hilfsbeamte des Finanzamtes auf das Steuerinteresse vereidigt. Dadurch wurde es möglich, eine besondere Regelung für die Vornahme des Steuerabzuges durchzuführen, die eine schnelle und zweckmäßige Abfertigung ermöglichte. Gleichfalls wurden zweckentsprechende Sonderregelungen mit den Versicherungsträgern über die Einziehung der Sozialversicherungsbeiträge getroffen. Auf diese Weise konnte ein technisch vorbildliches Lohnzahlungssystem geschaffen werden, das den besonderen Verhältnissen Rechnung trug und eine schnelle und einwandfreie Abfertigung ermöglichte.

Die Grundlage dieser Lohnzahlungsregelung war das im Jahre 1926 auf Vorschlag des Vorstandes des Hafenbetriebs-Vereins vom

Reichsfinanzminister genehmigte Steuerbuch, das für die Gesamthafenarbeiter an die Stelle der Steuerkarte trat und in das jeder Verdienst und die vorzunehmenden Steuerabzüge in das entsprechende Tagesfeld eingetragen wurden. Die Inhaber des Steuerbuchs wurden steuerlich als Wochenlöhner behandelt.

Da dies nach der Aufhebung der jährlichen Verrechnung der Lohnsteuer und Erstattung zuviel gezahlter Lohnsteuer im Jahre 1931 für die Hafenarbeiter einen geldlichen Vorteil gegenüber einer steuerlichen Behandlung als Tagelöhner bedeutete, sollte das Steuerbuch, das inzwischen auch von Angehörigen anderer Berufe beansprucht wurde, für 1935 nicht mehr genehmigt werden.

Auf Grund der inzwischen vorgenommenen Bildung des Gesamthafenbetriebes wurde das Steuerbuch aber weiter zugelassen. Das nunmehr ausdrücklich für die Gefolgschaft des Gesamthafenbetriebes geltende Steuerbuch ist eine besondere Form der Steuerkarte für die geschlossene Gefolgschaft der Gesamthafenbetriebs-Gesellschaft m. b. H. Seine Zulassung setzt voraus, daß die Lohnzahlung ausschließlich durch die Lohnkasse der Gesamthafenbetriebs-Gesellschaft m. b. H. erfolgt. Damit war vom 1. Januar 1935 ab eine Entlohnung von Gesamthafenarbeitern in einem Hafeneinzelbetrieb ausgeschlossen.

Im einzelnen ist die Lohnauszahlung durch die Betriebsordnung geregelt. Auch hier wirkt sich die betriebliche Zusammenfassung durch die Gesamthafenbetriebs-Gesellschaft m. b. H. aus, indem sie nunmehr die Gesamthafenarbeiter als ihre Gefolgschaftsangehörigen entlohnt. Zur Abrechnung mit den Hafeneinzelbetrieben steht sie mit diesen im Kontokorrentverkehr, der durch besondere Bestimmungen geregelt ist.

Die bisher noch täglich stattfindende Lohnauszahlung wird ab 12. Juni 1936 in eine wöchentliche umgewandelt, um auch dadurch der festen Betriebszugehörigkeit der Gesamthafenarbeiter zu entsprechen und ihnen eine ordnungsgemäßere Haushaltsführung zu ermöglichen.

Zwecks Ansammlung von Rücklagen für besondere Zwecke ist dem Gesamthafenarbeiter die Möglichkeit geschaffen worden, bei der Lohnauszahlung eine Sparkasseneinlage bei einer Hamburger Sparkasse im Wege eines Markenverfahrens vorzunehmen, über die er im Bedarfsfalle jederzeit frei verfügen kann. Damit ist einem Wunsche der Gesamthafenarbeiter entsprochen worden.

Die Sozialversicherung

Die Sozialversicherung der Gesamthafenarbeiter, mit Ausnahme der berufsgenossenschaftlichen Unfallversicherung, erfolgt durch die Gesamthafenbetriebs-Gesellschaft m. b. H. Die Hafeneinzelbetriebe haben für die bei ihnen zur Arbeit verteilten Gesamthafenarbeiter nicht für diese Versicherungen zu sorgen. Es sind also von den Hafeneinzelbetrieben für die Gesamthafenarbeiter an die Versicherungsträger keine Beiträge zu entrichten und keine Anmeldungen vorzunehmen.

Daß die Gesamthafenbetriebs-Gesellschaft m. b. H. ihre Gefolgschaftsangehörigen frei aller Sozialversicherungsbeiträge den Hafeneinzelbetrieben zur Verfügung stellt, bedeutet sowohl für diese wie für die Versicherungsträger eine Erleichterung und für die Gesamthafenarbeiter eine Sicherung. Es kann nicht vorkommen, daß Beiträge nicht oder nicht rechtzeitig gezahlt werden. Mahnungen, Reklamationen, unnütze Laufereien, Nachlässigkeiten und böser Wille sind ausgeschaltet. Der Hafeneinzelbetrieb braucht sich um nichts zu sorgen als darum, wie er den Arbeiter zweckmäßig beschäftigt. Die Versicherungsträger erhalten mit nicht zu übertreffender Pünktlichkeit für alle in den zahlreichen Hafeneinzelbetrieben täglich wechselnd beschäftigten Gesamthafenarbeiter ihre Beiträge in einer Summe und von einer Stelle, nämlich von der Gesamthafenbetriebs-Gesellschaft m. b. H. Einfacher, bequemer, sicherer und genauer können sie es nicht haben.

Die Beitragseinstufung der Gesamthafenarbeiter wird sich in Zukunft den veränderten Verhältnissen anzupassen haben. Das gehört zur fortlaufenden inneren Ausgestaltung des neu errichteten Gebäudes des Gesamthafenbetriebes und muß allmählich fortschreitend geschehen.

In der Invalidenversicherung sind die Gesamthafenarbeiter bisher mit einem Grundlohn von RM. 18,— eingestuft, wofür ein Wochenbeitrag von RM. 0,90 zu zahlen ist, der zur Hälfte von der Gesamthafenbetriebs-Gesellschaft m. b. H. und zur Hälfte von den Gesamthafenarbeitern gezahlt wird.

Die Höhe der Altersrente, die der Hafenarbeiter erhält, wenn er mit 65 Jahren aus der Gefolgschaft der Gesamthafenbetriebs-Gesellschaft m. b. H. ausscheidet, beläuft sich auf etwa RM. 40,—. Für jedes Kind bis zu 15 Jahren wird ein Zuschlag von RM. 7,50 monatlich gewährt.

Tatsächlich liegen die Renten natürlich bei jedem Arbeiter verschieden und zum Teil niedriger, weil die Beitragszahlung nicht in jedem Falle lückenlos durchgeführt ist. Durch die Rente ist der ausscheidende Gesamthafenarbeiter wohl vor der äußersten Not geschützt, kann aber nur leben, wenn ihm von anderer Seite noch Unterstützung zuteil wird, sei es von Familienangehörigen, sei es von seiten der Wohlfahrtsbehörde, sei es von seiten der Arbeitsfront oder des Betriebes.

Die Existenzsicherung bleibt für die wegen Erreichung der Altersgrenze ausscheidenden Gesamthafenarbeiter eine noch zu lösende wichtige Frage. Darüber ist schon im Kapitel „Arbeitskarten" gesprochen*). Aber auch hier muß noch einmal darauf hingewiesen werden, weil es zu den Aufgaben der Invalidenversicherung gehört, einen wirksamen Altersschutz zu gewähren und die Lösung dieser Frage daher in das Gebiet dieser Versicherung fällt.

Die Krankenversicherung der Gesamthafenarbeiter wird von der Gesamthafenbetriebs-Gesellschaft m. b. H. bei einer bestehenden Krankenkasse durchgeführt. Eine Betriebskrankenkasse gibt es für den Gesamthafenbetrieb bisher nicht. Die überwiegende Mehrzahl der Gesamthafenarbeiter ist bei der Allgemeinen Ortskrankenkasse Hamburg versichert. Die Versicherungsform nach § 442 der Reichsversicherungsordnung ist auch nach Bildung des Gesamthafenbetriebes bestehen geblieben. Dies rechtfertigt sich dadurch, daß die Eigenart der Hafenarbeit durch die Zwischenschaltung der Gesamthafenbetriebs-Gesellschaft m. b. H. sich in ihrem Charakter gegen früher nicht geändert hat.

Der wöchentliche Beitragssatz zur Krankenversicherung beträgt 6 % des Siebenfachen des Grundlohnes, der für die Gesamthafenarbeiter unter Erhöhung des RM. 4,50 betragenden Ortslohnes um 60 Pfg. auf RM. 5,10 festgesetzt ist, so daß ein Wochenverdienst von RM. 35,70 der Beitragsleistung zugrunde liegt. Dies entspricht dem tatsächlichen Durchschnittsverdienst.

Insgesamt beliefen sich die Krankenversicherungsbeiträge für die Gesamthafenarbeiter im Jahre 1935 auf etwa RM. 700 000. Eine Gegenüberstellung der Gesamtkosten der Leistungen für die Gesamthafenarbeiter ist mangels getrennter Abrechnung leider nicht möglich.

Es bleibt für die Zukunft die Frage offen, ob nicht durch eine betriebliche Regelung der Krankenversicherung im Gesamthafenbetrieb eine bessere Sicherung der Existenz der erkrankten Gesamthafenarbeiter zu erreichen ist, wobei berücksichtigt werden muß, daß die gesamtbetriebliche Zusammenfassung eine bedeutende Verbesserung des Gesundheitszustandes der Gesamthafenarbeiter und damit eine Verminderung des Krankenbestandes und der Krankenleistungen mit sich bringt. Da dieses Ergebnis unter der Mitwirkung aller Hafenarbeiter zustandekommt, erscheint es berechtigt, daß die dadurch für die Krankenversicherung ersparten Kosten zur Verwendung innerhalb dieses Kreises bleiben.

Die soziale Sorge für die Gesamthafenarbeiter

Für die Hafeneinzelbetriebsarbeiter obliegt die soziale Sorge den Hafeneinzelbetrieben, für die Gesamthafenarbeiter der Gesamthafenbetriebs-Gesellschaft m. b. H. nach den allgemeinen und besonderen Anweisungen des Führers des Gesamthafenbetriebes, der die dafür erforderlichen, auf die Hafeneinzelbetriebe umzulegenden

---

*) Vergl. S. 53.

Kosten zur Verfügung stellt. Er muß sich dabei im Rahmen des wirtschaftlich Möglichen halten und in der Lage sein, zu beurteilen, was er den Hafeneinzelbetrieben jeweils an Kostenaufwand zumuten kann. Er muß die Wirtschaftslage im Hafen übersehen und schwierigen Wirtschaftsverhältnissen Rechnung tragen. Einrichtungen und Maßnahmen, die einen großen Kostenaufwand erfordern, werden daher schrittweise und meist in Zeiten einer Verkehrssteigerung zu treffen sein. Aber auch in Zeiten geringeren Verkehrs kann die soziale Sorge nicht ruhen. Man kann sich hier nicht mit der allgemeinen Feststellung begnügen, daß es den Hafeneinzelbetrieben schlecht geht, sondern man wird die Gründe dafür aufzuzeigen und Vorschläge für ihre Abhilfe zu machen haben. In dieser Hinsicht sei auf das im Abschnitt „Hafeneinzelbetriebe" Gesagte verwiesen*). Im nationalsozialistischen Staate wird jeder Betrieb die Notwendigkeit der sozialen Sorge einsehen und gern die angemessenen Leistungen für die Gefolgschaftsmitglieder geben, wenn nur seine wirtschaftliche Leistungsfähigkeit ausreichend gesichert ist. Deshalb ist die Sorge für die Leistungsfähigkeit der Hafeneinzelbetriebe zur Erfüllung der sozialen Sorge für die Gefolgschaften von so außerordentlicher Bedeutung. Die wirtschaftlichen Verhältnisse erlaubten es bisher nicht, den Hafeneinzelbetrieben Auflagen für den Gesamthafenbetrieb zu machen, die die Inangriffnahme größerer Einrichtungen, wie beispielsweise die Versorgung alter Hafenarbeiter, ermöglichten. Was bisher geschaffen wurde, kam im wesentlichen dadurch zustande, daß Hafeneinzelbetriebe und Hafenarbeiter ihre Ansprüche an anderer Stelle zurückschraubten. So konnte die Verdienstsicherung der Gesamtheit der Hafenarbeiter nur auf Kosten früher höherer Verdienste eines Teiles der Hafenarbeiter und auf der Seite der Betriebe durch eine Einschränkung ihrer Bewegungsfreiheit durchgeführt werden.

Eine Neuaufbringung von sozialen Mitteln von wesentlicher Bedeutung ist aber die Urlaubserteilung an die Gesamthafenarbeiter gewesen. Sie lief, der allgemeinen Tendenz folgend, der Bildung des Gesamthafenbetriebes bereits voraus.

Am 7. April 1934 fällte der Vorsitzende der damaligen Schlichtungsstelle für den Hafenbetrieb, Oberlandesgerichtsrat Dr. Jaerisch, dessen große Verdienste um die Gestaltung der Rechtsprechung im Hafen allgemein anerkannt sind, ein Urteil, in dem er in Auslegung der bestehenden Tarifordnung entschied, daß den damals noch unständigen Kartenarbeitern ab 1. Januar 1934 ein Urlaubsanspruch zustände.

Urlaubsschuldner ist, so heißt es in dem Urteil, die Gesamtheit der im Hafenbetriebs-Verein zusammengeschlossenen Betriebe als Gesamtschuldner. Das Urteil war getragen von der Erkenntnis der Notwendigkeit der Anpassung der Tarifauslegung an die neuen Verhältnisse.

---
*) Vergl. S. 40.

Aus der Begründung ist folgendes zu entnehmen:

„Jede Rechtsnorm unterliegt dem Wandel von Zeit und allgemeiner Auffassung des Rechts. Bis zu ihrer Aufhebung behält sie aus sich heraus ihre bestimmende Geltung und gibt sie dem jeweiligen Rechtswillen Ausdruck. Daraus ergibt sich die Notwendigkeit, an die Auslegung bestehender Rechtsnormen von der jeweils herrschenden Rechtsauffassung und Wirtschaftsgestaltung heranzutreten. Gewiß behalten die Entstehungsvorgänge ihre rechtliche Bedeutung, aber nur im Sinne historischer Interpretation. Ein Versuch, an sich erhaltene Rechtsnormen im alten, allgemein überwundenen Geist auszulegen und anzuwenden, würde einer Auflehnung gegen die Staatsmacht entsprechen und das Wesen des Rechts verkennen. So muß auch die Schlichtungsstelle an die bestehende Tarifsatzung unter Berücksichtigung der neuen Wirtschafts- und arbeitsrechtlichen Struktur herantreten. Und das bedingt zwangsläufig bei veränderter Anschauung der grundlegenden Verhältnisse auch eine von der bisherigen abweichende neue Auslegung der Tarifsatzung und Beurteilung der in sich vielleicht gleichgebliebenen Einzeltatbestände.

Unter diesen Gesichtspunkten war die gestellte Frage nach den Voraussetzungen des Urlaubsanspruches der Kartenarbeiter nach Maßgabe der aus vergangener Zeit erhaltenen Tarifsatzung im Auslegungswege zu beantworten.

Als „Dienstzeit" für die unständigen Kartenarbeiter kann nur die Zeit ihrer Zugehörigkeit zur Kartenarbeiterschaft, und damit des Besitzes der Arbeitskarte gerechnet werden. Denn auf Grund der Regelung vom Juli 1933 stehen die unständigen Kartenarbeiter vermöge der gesicherten turnusmäßigen Arbeitsverteilung und ihrer Pflicht, sich laufend in der Verteilungsstelle zur Verfügung zu halten, in einem festen Verhältnis zu den gesamten Hafenbetrieben. Mit Rücksicht auf eine gewisse Uebergangszeit, in welcher sich dieses Verhältnis erst allmählich einspielte, wurde zweckmäßig der 1. 1. 1934 gewählt.

Es könnte zweifelhaft sein, wer denn nun den unständigen Kartenarbeitern Urlaub zu gewähren habe.

Es muß schon die in sich geschlossene Gesamtheit aller Hafenbetriebe entscheiden. Die Gesamtheit der Hafenbetriebe ist es, die den Nutzen daraus hat, daß an den Verteilungsstellen die unständigen Kartenarbeiter laufend zur Verfügung stehen und sich zur Verfügung halten müssen. In dem Getriebe des Gesamthafens greift ein Betrieb in den anderen unmittelbar ein, einer ist vom anderen abhängig. Und allen dient die Einrichtung der Arbeitsverteilungsstellen für die unständigen Arbeiter, von allen wird diese Einrichtung getragen. So bilden die gesamten Hafenbetriebe gegenüber der unständigen Kartenarbeiterschaft eine in sich geschlossene, im Hafenbetriebs-Verein personifizierte Einheit. Und es ist nur recht und billig, wenn infolgedessen auch die Gesamtheit der Hafenbetriebe für den Urlaubsanspruch des einzelnen unständigen Kartenarbeiters aufkommt. Daraus ergibt sich aber praktisch und rechtlich ein Gesamtschuldnerverhältnis der gesamten Hafenbetriebe im Hinblick auf den Urlaubsanspruch der unständigen Kartenarbeiter."

Dieses Urteil führte zur Umlegung der Urlaubskosten auf die damals angeschlossenen Betriebe und zur Bildung einer später zur Sozialkasse erweiterten Urlaubskasse, die schließlich in der Gesamthafenbetriebs-Gesellschaft aufging.

Nach der gesetzlichen Bildung des Gesamthafenbetriebes und Zusammenfassung der Gefolgschaft der Gesamthafenbetriebs-Gesellschaft m. b. H. ist die Urlaubserteilung an die Gesamthafenarbeiter als betriebliche Angelegenheit ebenso selbstverständlich geworden wie die Urlaubserteilung an die Gefolgschaften anderer Betriebe.

Auch hier mußte schrittweise vorgegangen werden, um die Belastung für die Hafeneinzelbetriebe erträglich zu gestalten. Der Treuhänder der Arbeit erhöhte deshalb die für 1934 auf 3 Tage bemessene Urlaubsdauer für 1935 und 1936 zunächst auf 5 Tage. Sie steigt danach entsprechend den Bestimmungen der Tarifordnung.

Für die Durchführung der individuellen betrieblichen Sorge für das Wohl der Gefolgschaftsangehörigen wurden verschiedene Maßnahmen getroffen.

In der liberalistischen Wirtschaftsauffassung ist mit der Gegenleistung von Arbeit und Lohn alles abgetan. Wie der Arbeiter sonst leben kann und lebt, interessiert den Betrieb im allgemeinen nicht, wenn nicht besondere örtliche Verhältnisse und Beziehungen eine nähere Verbindung auch über die eigentliche Arbeit hinaus mit sich bringen. Im allgemeinen war der Arbeiter, besonders in Großbetrieben und in der Großstadt, aus dem Gesichtskreis des Betriebes und damit aus seinem Bewußtsein ausgeschaltet, sobald er die Arbeitszeit beendet hatte, und erschien in ihm erst wieder mit Antritt der Arbeit. Ganz anders liegen die Dinge in der nationalsozialistischen Wirtschaftsauffassung. Sie hat das gegenseitige Treueverhältnis geschaffen. Hier liegt auf dem Führer des Betriebes das sorgende Bewußtsein für seine Gefolgschaftsleute gerade auch in Hinsicht auf sein außerhalb der Betriebsarbeit liegendes Schicksal. Er trägt also teilnehmende Sorge für die persönlichen Nöte, für ihre häuslichen Sorgen, für die sich in ihrem privaten Leben auftürmenden Schwierigkeiten, den Existenzkampf des Lebens zu meistern. Hier soll er ihnen über die Betriebszeit hinaus mit Rat und Tat helfen, mit seinen Kenntnissen, seinen Beziehungen, mit Zuspruch, Teilnahme und schließlich auch, wo es sein muß, mit geldlicher Hilfe. Aus diesen Gedankengängen heraus richtete der Führer des Gesamthafenbetriebes bei der Gesamthafenbetriebs-Gesellschaft m. b. H. eine besondere Sozialstelle für die Betreuung der Gefolgschaft ein. Im März 1936 wurde die Sozialstelle durch Hinzutritt einer Schwester vom Roten Kreuz erweitert, deren besondere Aufgabe die Betreuung der Familien der Gefolgschaftsangehörigen in den Fällen ist, in denen infolge Krankheit und sonstiger Störungen des täglichen Lebens ein Bedürfnis dafür vorliegt.

Wie segensreich sich die Tätigkeit der Sozialstelle in dem Kreise der Gesamthafenarbeiter auswirkte, zeigte sich schon im ersten Jahr ihres Bestehens. Sie konnte in etwa 2000 Fällen helfen.

So wurden z. B. in 56 Fällen Vergleichsabschlüsse und Verhandlungen mit den Hauswirten herbeigeführt, wodurch zumeist Räumungen oder Versteigerungen verhindert und die Wohnungen den Gefolgschaftsangehörigen belassen wurden. Die Sozialstelle veranlaßte oder unterstützte die Verschickung erholungsbedürftiger Kinder, half in Krankheits-, Unglücks-, Sterbe- und Geburtsfällen, griff vermittelnd ein bei Vertragsabschlüssen und Prozeßschwierigkeiten. Auch bei schriftlichen Eingaben an amtliche Dienststellen oder Behörden, in der Berufsumschulung, Berufsberatung usw. konnte der Gefolgschaft mancher Dienst erwiesen werden. In mehr als 1000 Fällen, in denen die Bedrängnis durch Sachleistungen oder sonstige Hilfe nicht beseitigt werden konnte, wurde den Anträgen auf Darlehnsgewährung stattgegeben, da die Antragsteller durch irgendwelche Vorkommnisse unverschuldet in Not gerieten. Zumeist mußten Darlehen in Wohnungsangelegenheiten, Verpfändungen und Krankheitsfällen gewährt werden. Längere Krankheitsdauer war infolge des erlittenen Verdienstausfalles meistens die Veranlassung der Verschuldung.

Eine große Anzahl der Gefolgschaftsangehörigen hat auch, sofern sie der Deutschen Arbeitsfront angehören, während der Urlaubszeit an den Veranstaltungen der NS.-Gemeinschaft „Kraft durch Freude" teilgenommen.

Eine der wichtigsten Maßnahmen sozialer Sorge für die Gesamthafenarbeiter ist ihre Ansiedlung, die im nächsten Abschnitt behandelt werden soll.

Die Hafensiedlung

Am 20. Juni 1934 legte der Führer des Gesamthafenbetriebes dem Verwaltungsrat des Hafenbetriebs-Vereins einen Vorschlag über die Ansiedlung von Hafenarbeitern in einer geschlossenen Siedlung vor und erbat dazu die Unterstützung der beteiligten Wirtschaftskreise durch darlehnsweise Bereitstellung des erforderlichen Eigenkapitals für die Siedler. Er umriß das Projekt dahin, daß mit der Zeit etwa die Hälfte der Gesamthafenarbeiter, d. h. rund 3000 Familien, anzusiedeln seien, um die Gesamthafenarbeiter, die den Verkehrsschwankungen des Hafens in erster Linie ausgesetzt bleiben, krisenfester zu machen.

Der Verwaltungsrat des Hafenbetriebs-Vereins sprach sich einstimmig für die Inangriffnahme dieses Projektes aus. Damit war die Verwirklichung des Gedankens der Hafensiedlung in die Wege geleitet. Zur Durchführung der Finanzierung des Eigengeldes wurde die „Gesellschaft zur Förderung der Ansiedlung von Hafenarbeitern G. m. b. H." gegründet, deren Aufgabe es ist, von den Unternehmern durch Zeichnung von Bausteinen Kapital zu beschaffen, um den einzelnen Siedlern daraus darlehnsweise das nach den Siedlungsvorschriften erforderliche Eigengeld in Höhe bis zu RM. 500 für jede Stelle zur Verfügung zu stellen, da nicht damit zu rechnen ist, daß die Siedler nennenswerte Beträge selbst erspart haben.

Ueber das Siedlungsvorhaben heißt es in der Zeichnungsaufforderung der Gesellschaft:

„Die ‚Gesellschaft zur Förderung der Ansiedlung von Hafenarbeitern G. m. b. H.' hat es sich zur Aufgabe gesetzt, dafür zu sorgen, daß den Hafenarbeitern des Hafens Hamburg die Ansiedlung in einem landschaftlich geeigneten und auch günstig zum Hafen gelegenen Gelände ermöglicht wird.

Das dringende Verlangen vieler Hafenarbeiter, in gesunder Umgebung und in eigenem Heim mit ihrer Familie leben zu können, ist unbestreitbar vorhanden. Auch in den Kreisen der Betriebsführer wird die Bedeutung und der Wert einer Ueberführung der Arbeiterschaft aus den unfreundlichen Mietskasernen der Großstadt in ein freies und ländliches Siedlungsgelände voll anerkannt. Die zur Festigung unseres nationalen und wirtschaftlichen Lebens als notwendig erkannte Schaffung einer engen Betriebsverbundenheit der Arbeiterschaft wird dadurch am stärksten gefördert, daß dem Arbeiter eine Heimstätte gegeben wird, mit der er sich innerlich verbunden fühlen kann. Es entspricht daher einer verantwortungsvollen Sorge um die Lebensbedingungen unserer Hafenarbeiter, wenn die aus Einsicht und Erfahrung gewonnene Erkenntnis nunmehr tatkräftig in die Wirklichkeit umgesetzt werden soll.

Durch die Ansiedlung wird auch erreicht, daß der Hafenarbeiter an den Tagen, an denen im Hafen keine Arbeit für ihn vorhanden ist, in seinem Garten nutzbringende Arbeit verrichten kann. Die Tatsache, daß heute ein großer Teil der Hafenarbeiter sich einen Schrebergarten gepachtet hat, zeigt den Wunsch der Hafenarbeiter nach dieser Betätigung. Andererseits bietet aber ein Schrebergarten nicht das, was dem Arbeiter eine Siedlung bedeutet, nämlich ein eigenes Haus auf einem Gelände, das ihm für sein Leben zur Heimat werden kann.

Nach dem Plan der Gesellschaft soll die Ansiedlung der Hafenarbeiter in geschlossenen Siedlungen erfolgen. Diese Werksiedlungen ermöglichen neben anderen Vorteilen, daß die Arbeitseinteilung der Gesamthafenarbeiter in den Wohnbezirk gelegt werden kann. Damit würden vergebliche Wege dieser Hafenarbeiter von der Wohnung zum Hafen vermieden und die Arbeitseinteilung in erstrebenswerter Weise verbessert werden.

Andererseits ist es notwendig, daß die Siedlung möglichst nahe am Hafen liegt. Als geeignetes Gelände ist aus diesen Gründen das in Wilhelmsburg östlich der Bahnlinie zur Verfügung stehende Land erkannt."

Der Regierende Bürgermeister C. V. Krogmann sagte dem Siedlungsvorhaben sofort tatkräftige Förderung zu und gab entsprechende Anweisung an die hamburgischen Behörden. So wurden die notwendigen Vorarbeiten unverzüglich begonnen. In deren Verlauf zeigte es sich aber, daß sich gewisse Schwierigkeiten dem Vorhaben entgegenstellten, weil das in Aussicht genommene Gelände nicht hamburgisches Gebiet war, sondern zur Stadt Harburg-Wilhelmsburg gehörte. Es wurden infolgedessen umfangreiche Verhandlungen zwischen den Behörden über den Lastenausgleich und die Bereitstellung des Grund und Bodens erforderlich, die sich in die Länge zogen und bisweilen das ganze Projekt zum Scheitern zu bringen drohten.

Wenn der Führer des Gesamthafenbetriebes trotz aller Gegenvorschläge immer wieder darauf hinwies, daß nur das in Aussicht genommene Gelände auf Wilhelmsburg in Frage kommen könnte, so geschah es aus der Erkenntnis heraus, daß niemals wieder ein gleich günstiges Siedlungsgelände für die im Hafen arbeitende Bevölkerung zur Verfügung stehen würde wie dieses. Ein Blick auf die Karte beweist die Richtigkeit dieser Anschauung. Der Hamburger Hafen ist von Norden nach Süden gewachsen. Im Süden konnten die flachen Marschländereien leicht in Hafenbecken verwandelt werden, während im Norden das steile Geestufer und die Stadt selbst der Ausdehnung einen Damm entgegenstellten. Elbaufwärts schlossen die Elbbrücken die Ausdehnungsmöglichkeit ab und elbabwärts war mit dem Waltershoferhafen bereits das Maximum der Entfernung vom Zentrum des Hafens erreicht.

So ist das Gelände zwischen der Norderelbe und der Süderelbe, also die Insel Wilhelmsburg, das natürliche Erweiterungsgelände für den Hamburger Hafen. Hier kann der Hamburger Hafen mit dem Harburger Hafen zusammenwachsen. Darauf ist auch die geplante Hafenerweiterung der hamburgisch-preußischen Hafengemeinschaft abgestellt.

Die Insel Wilhelmsburg wird durch den Reiherstieg-Kanal und durch die Eisenbahnstrecke Hamburg—Harburg-Wilhelmsburg in der Richtung von Norden nach Süden in drei Teile geteilt.

Der westlich des Reiherstiegs bis an den Köhlbrand reichende, aus Kattwyk, Neuhof und Hoheschaar bestehende Teil ist das für den Ausbau von Hafenbecken in Frage kommende Gelände.

Der zwischen dem Reiherstieg und der Bahn gelegene Teil der Insel ist überwiegend der Industriebesiedlung vorbehalten und zum Teil als städtisches Wohngebiet benutzt.

Der östlich der Bahn belegene Teil der Insel, der dagegen noch ländlichen Charakter trägt, ist das ideale Gebiet einer vorstädtischen Kleinsiedlung ländlicher Art für diejenigen Bevölkerungskreise, die Tag und Nacht mit ihrer Arbeit den Hafenbetrieb in Gang halten müssen. Losgelöst von der Großstadt, in ländlicher Umgebung, trotzdem im Herzen des Hafens in unmittelbarer Nähe der Arbeitsstätte, die ohne Berührung der Großstadt in kürzester Zeit erreicht werden kann, ist hier ein Gebiet gegeben, wie es zu diesem Zwecke vielleicht kein anderer Hafen in ähnlicher Weise besitzt.

Daraus wird auch verständlich, weshalb seitens des Führers des

Gesamthafenbetriebes bei allen Verhandlungen so großer Wert darauf gelegt worden ist, an diesem Gelände, als dem einzig in Frage kommenden, festzuhalten und alle Vorschläge, irgendwo anders an die Peripherie der Großstadt zu gehen, abzulehnen. Es wird weiterhin verständlich, weshalb der Führer des Gesamthafenbetriebes so großen Wert darauf gelegt hat, daß dieses Siedlungsvorhaben den Charakter einer reinen Hafensiedlung erhält, denn wenn dieses Gebiet anders besiedelt oder die Siedlung den Charakter als Hafensiedlung verlieren würde, so wäre für den Hafen Hamburg ein gleich günstig gelegenes Siedlungsgebiet nicht wieder verfügbar.

Es wurde deshalb immer wieder darauf hingewiesen, daß dieses Gebiet grundsätzlich als Siedlungsgebiet für den Hafen erklärt werden müßte. Dies ist umso mehr notwendig, als die endgültige Verwirklichung des ganzen Vorhabens sich über Jahre hinaus erstrecken muß. Rechnet man mit der Möglichkeit, jährlich 300 Arbeiter anzusiedeln, so wird eine Mindestzeit von 10 Jahren erforderlich sein, um das gesteckte Ziel zu erreichen.

Um den Wert dieser Siedlung richtig zu erkennen, vergegenwärtige man sich noch einmal, welchen Besonderheiten das Arbeitsschicksal der Hafenarbeiter unterworfen ist. In keinem Gewerbe ist der Arbeiter so den täglichen Schwankungen wechselnder Beschäftigung ausgesetzt wie, trotz aller Organisation, in einem großen Seehafenbetrieb. Nicht nur weltwirtschaftliche Krisen und Ereignisse können plötzlich für Wochen oder Monate den Beschäftigungsgrad verändern, sondern Marktvorgänge, Witterungsverhältnisse, momentane Ereignisse beeinflussen den Güterstrom, der durch einen großen Seehafen geht, und können täglich die Gesamthafenarbeiter vor eine verminderte Existenzmöglichkeit stellen, ohne daß es möglich ist, sie auf andere Wirtschaftsgebiete abwandern zu lassen, weil sich mit derselben Plötzlichkeit die Lage wieder ändern kann und sämtliche Hände gebraucht werden. Da wirft sich eben die Frage auf nach der Existenzsicherung dieser Männer in der Zeit derartiger Beschäftigungsschwankungen. Ihnen hier durch Eigenland und Kleintierhaltung die Möglichkeit zu geben, über solche Zeiten, die sich im Jahre in wechselnder Folge wiederholen können, hinwegzukommen, ist sowohl von sozialpolitischer, als auch von besonderer wirtschaftlicher Bedeutung für den Hafen Hamburg.

Die Inangriffnahme des Projektes wurde dadurch ermöglicht, daß der Präsident der Landesversicherungsanstalt der Hansestädte in Lübeck, Dr. Storck, in verständnisvollster Bereitwilligkeit dem Ersuchen des Führers des Gesamthafenbetriebes entsprach und für die ersten Bauabschnitte die erforderlichen Mittel aus dem Anlagekapital der Landesversicherungsanstalt, bei der die Hafenarbeiterschaft gegen Invalidität und Alter versichert ist, zur Verfügung stellte.

Zum Zwecke der Durchführung der Siedlung schlossen sich die Hafenarbeiter, die siedeln wollen, zu einem Hafensiedlungsverein E. V. zusammen, der der ausführenden Heimstätte zur Seite steht und die Interessen der Siedler im besonderen wahrnimmt.

Einen neuen Impuls erhielt der Fortgang des Siedlungswerkes dadurch, daß der Preußische Ministerpräsident Hermann G ö r i n g persönlich das ihm von einer Deputation der Hafenarbeiter unter Führung des Vereinsleiters Gustav Ramin angetragene Protektorat der Siedlung übernahm und seine Zustimmung dazu gab, daß die Siedlung den Namen „Hermann-Göring-Siedlung" trägt.

Es würde den Rahmen dieser Schrift überschreiten, hier näher auf technische Einzelheiten, wie Baupläne und dergleichen, einzugehen oder die Verdienste aller zu würdigen, die sich in persönlicher Mitarbeit um das Zustandekommen der Siedlung bemühen.

Möchten alle diese Bemühungen von Erfolg gekrönt werden, damit das Siedlungswerk vollendet wird, denn mit diesem Siedlungswerk wird die Organisation der Arbeit im Hafen Hamburg ein sicheres Fundament für ihre sozialpolitische, wirtschaftspolitische und darüber hinaus staatspolitische Bedeutung erhalten.

Abschließende Betrachtungen

Das Bild, das hier in großen Zügen von der Organisation des Gesamthafenbetriebes entworfen wurde, wird denjenigen, die sich dafür interessieren, eine Anschauung über einen wichtigen Teil des Hafenbetriebes in einem großen Seehafen vermitteln und sie über die inneren Zusammenhänge und das Zusammenwirken der geschaffenen Organisation sowie über deren Notwendigkeit aufklären. Nicht die technischen Einrichtungen eines Hafens, die unsere Hafenfachliteratur fast ausschließlich beherrschen, bilden allein die Probleme, von deren Lösung die Bedeutung und das Gedeihen eines großen Welthafens abhängen.

Im Mittelpunkt jeder Wirtschaft, auch der Hafenwirtschaft, steht der schaffende Mensch. Ohne ihn bleiben alle technischen Anlagen tote Gegenstände. Er erweckt sie erst zum Leben mit seiner Intelligenz und seinem Arbeitswillen. Von seiner Betätigung hängt die erfolgreiche Ausnutzung der technischen Anlagen und Einrichtungen ab. Er dient damit der Volksgemeinschaft, die ihre nationalen Seehäfen als Vermittler des Güterverkehrs für ihre weltwirtschaftlichen Handelsbeziehungen braucht. Er hat daher einen Anspruch darauf, daß seine Existenzmöglichkeit entsprechend den wichtigen Diensten, die er der Volksgemeinschaft leistet, gesichert ist.

Nicht große Verkehrsziffern allein bilden den Maßstab für den Vergleich der Bedeutung zweier Welthäfen. Ein solcher Vergleich bleibt an der Oberfläche. Erst die Berücksichtigung des gesamten

Erfolgsergebnisses kann uns eine richtige Grundlage für die Beurteilung der Bedeutung geben, die ein großer Seehafen nicht nur für den internationalen Güterverkehr, sondern auch für die nationale Wirtschaft hat. Dieses Erfolgsergebnis ist nicht allein in der Billigkeit des Hafens für seine Benutzer zu erblicken, sondern dazu gehört auch der persönliche Wirtschaftserfolg der schaffenden Menschen, die den Hafen in Betrieb setzen, gleichviel ob sie sich als Unternehmer oder Gefolgschaftsleute betätigen.

Wenn in dieser Schrift die Grundlagen aufgezeigt wurden für eine erfolgreiche Existenzsicherung der letzteren, so ist damit ein wichtiges Teilgebiet behandelt worden, das in seiner Bedeutung für die Wirtschaft eines großen Seehafens nicht unterschätzt werden darf, wenn man den Gesamterfolg dieses Hafens gestalten will.

Darüber hinaus aber bildet das entworfene Bild vielleicht auch für unsere nationalsozialistische Wirtschaftsgestaltung interessantes Anschauungsmaterial. Ist hier doch in einem kleinen Ausschnitt unseres deutschen Wirtschaftslebens durch eine praktische Verwirklichung des Gedankens der Berufsgemeinschaft, die der Einzelbetriebsgemeinschaft übergeordnet ist, eine Existenzsicherung aller Berufsangehörigen erreicht worden, wie wir sie sonst in der freien Wirtschaft bisher kaum kennen. Sie konnte erreicht werden durch die Idee des Gesamtbetriebes, gebildet von denjenigen Einzelbetrieben, deren Betätigung auf die Erreichung desselben Zweckes, hier des Hafenumschlags, gerichtet ist. Wenn sich diese Idee auch auf andere Wirtschaftzweige übertragen läßt, so würde damit vielleicht ein großer Fortschritt in der dauernden Existenzsicherung der deutschen Arbeiterschaft erreicht werden können.

Es würde dies die Zusammenfassung von Führern und Gefolgschaften desselben Berufes zu einer Arbeits-, Lebens- und Gefahrengemeinschaft, also die Arbeitsorganisation werktätiger Volksgenossen nach ihren Berufen, eine organische Gliederung nach Berufsgemeinschaften bedeuten. In diese Berufsgemeinschaft würde der junge Volksgenosse, der seine Ausbildung beendet und seiner Wehrpflicht genügt hat, aufgenommen und ihr solange angehören, wie er seinem Beruf treu bleibt. Er wäre also nicht mehr nur ein Textilarbeiter bei der Tuchfabrik X oder ein Metallarbeiter bei der Metallwarenfabrik Y, sondern er wäre über seine Gefolgschaftsangehörigkeit zu diesem Betrieb hinaus gleichzeitig Berufsgenosse der übergeordneten Textil- oder Metall-Berufsgemeinschaft oder wie solche Berufsgemeinschaften sonst zusammengefaßt oder gebildet sein würden.

Der Berufsgenosse würde in der Berufsgemeinschaft den Schutz seiner Existenz finden. Die Berufsgemeinschaft als Ganzes würde für ihn sorgen und er würde für die Berufsgemeinschaft besorgt sein; d. h. also praktisch gesprochen, der Textilarbeiter, der aus der Gefolgschaft der Tuchfabrik X wegen Arbeitsmangel ausscheiden muß, bleibt in der Sorge seiner Berufsgemeinschaft, die darauf gerichtet ist, ihm seine Existenz zu sichern und ihn wieder in einer Betriebsstätte seines Berufes unterzubringen. Die Berufsgemeinschaft hält ihn also der Gesamtheit der ihr zugehörigen Betriebe zur Verfügung und sorgt während dieser Zeit für seine Existenzsicherung, bis er wieder in einem Betieb eingestellt ist. Solange ein Volksgenosse Berufsgenosse ist, könnte er nicht im jetzigen Sinne arbeitslos und der Staatsfürsorge überlassen sein. Die Betriebe dürften nur Berufsgenossen einstellen. Berufsgenosse wäre, wer von der Berufsgemeinschaft als solcher anerkannt und in ihr aufgenommen ist.

Die Berufsgemeinschaft stände in Selbstverwaltung und würde in sinngemäßer Anwendung des AOG. einen Gesamtbetrieb oder eine Industriegemeinschaft, wenn möglich in übersichtlicher räumlicher Begrenzung, bilden. Sie würde die Zulassung zum Beruf regeln und dafür sorgen, daß genügend Nachwuchs herangezogen wird. Sie würde Eignung und Qualität der Berufsgenossen überwachen. Sie hätte die Zahl der Berufsgenossen in Uebereinstimmung mit der Beschäftigungsmöglichkeit zu halten und innerhalb des Berufs die Ausgleichsmöglichkeit in der Zahl der in den Einzelbetrieben Beschäftigung findenden Berufsgenossen zu schaffen. Sie nähme damit von den Berufsgenossen das Risiko der einzelbetrieblichen Beschäftigungskonjunktur. Der aus dem Einzelbetrieb ausscheidende Berufsgenosse bliebe in der Gefolgschaft der Gesamtheit der Einzelbetriebe.

Die Reichsanstalt für Arbeitsvermittlung würde dadurch von der Einzelarbeit, die sie bei der Erfüllung der großen Aufgaben beeinträchtigt, entlastet. Zugleich würde sie entlastet von einer Aufgabe, deren dauernde Lösung ihr kaum möglich sein wird, weil sie in ihrer Tätigkeit außerhalb der Wirtschaft steht, und weil die Wirtschaft in das Problem der Beschäftigung a l l e r Berufsgenossen nicht verantwortlich einbezogen ist. Dagegen würde bei der selbstverwaltenden Tätigkeit der „Berufsgemeinschaften" die Verantwortung der in ihr zusammengefaßten Betriebe hinsichtlich der Beschäftigung der Berufsgenossen und auch hinsichtlich der aufzubringenden Unkosten eingeschaltet. Der Reichsanstalt verbliebe die großeAufgabe des Ausgleichs des b e r u f l i c h e n Risikos zwischen den Berufsgemeinschaften, die Schaffung neuer Berufsgemeinschaften, die Ueberführung einer größeren Zahl von Werktätigen aus einer Berufsgemeinschaft in eine andere bei anhaltender Berufsschrumpfung infolge struktueller wirtschaftlicher Veränderungen.

Die Berufsgemeinschaften müßten die Beschäftigungslage ihres gesamten Berufes wie der Einzelbetriebe jederzeit genau verfolgen und vorausschauend die Zahl der im Berufe Existenz findenden Genossen beurteilen und bemessen. Auch heute können in keinem Berufe mehr Volksgenossen ihre Existenz finden, als Beschäftigungsmöglichkeit vorhanden ist. Aber es fehlt die Uebersicht und die überbetriebliche Ordnung.

Wenn eine solche berufliche Erfassung auch nicht schematisch für alle Zweige unserer Wirtschaft anwendbar sein wird, so würde sie doch, dort angewendet, wo es durchführbar ist, schon Segen stiften, wie sie im Hafen Hamburg Segen gestiftet hat, indem sie von der Seele vieler Arbeiter das Gespenst der unverschuldeten einzelbetrieblichen Entlassung und damit den Alpdruck einer ständigen Lebensunsicherheit nimmt.

Nachwort

Ich möchte diese Schrift nicht abschließen, ohne ihr noch einige Worte mit auf den Weg zu geben.

Die Gestaltung des Gesamthafenbetriebes des Hafens Hamburg ist ein Werk, das heute in seinen Grundzügen als abgeschlossen gelten kann. Ich habe die Ueberzeugung, daß die Gestaltung, so wie sie in Hamburg durchgeführt ist, den Hamburger Verhältnissen am besten entspricht und dient. Ich hoffe zuversichtlich, daß diese Ueberzeugung allgemein geteilt wird und daß die Grundlagen, die hier geschaffen sind, fortbestehen und fortwirken werden, gleichviel in wessen Händen die weitere Durchführung einmal liegen wird. In diesem Sinne soll meine Schrift durchaus den Charakter des Vermächtnisses eines Mannes tragen, der eine Lebensaufgabe erfüllt sieht und den verständlichen Wunsch hat, daß das Geschaffene weiterlebt.

Als auf meinen Vorschlag der Verwaltungsrat des Hafenbetriebs-Vereins der deutschen Jugend zur Verwendung als schwimmende Jugendherberge das Schiff schenkte, das heute als „Hein Godenwind" überall bekannt ist, gab ich anläßlich seiner Einweihung dem Vertreter der Hafenarbeiter die Versicherung, mit aller Kraft dafür zu sorgen, daß der Druck der Unständigkeit von den Tausenden von Hafenarbeitern und ihren Familien genommen würde. Dieses Versprechen ist eingelöst. Möge seine Erfüllung gesichert bleiben.

Anhang

Güterverkehr der Wettbewerbshäfen
(**1000** Tonnen Bruttogewicht.) *)

Seewärts	Hamburg **)			Bremen			Antwerpen ***)			Rotterdam			Amsterdam ****)		
	einge-gangen	ausge-gangen	ins-gesamt	einge-gangen	ausge-gangen	ins-gesamt	einge-gangen	ausge-gangen	ins-gesamt	einge-gangen	ausge-gangen	ins-gesamt	einge-gangen	ausge-gangen	ins-gesamt
1913	19 117	10 058	29 235	4 464	2 913	7 377	10 210	8 661	18 871	20 984	7 161	28 145	1 426	942	2 368
1924	15 535	7 478	23 013	2 836	1 530	4 366	11 306	10 050	21 356	14 825	10 135	24 960	3 034	1 341	4 375
1925	14 727	7 644	22 371	2 901	1 520	4 421	10 062	10 736	20 798	17 046	11 858	28 904	2 757	1 523	4 280
1926	12 292	12 487	24 779	2 581	2 750	5 331	9 431	13 848	23 279	15 410	21 898	37 308	2 508	2 091	4 599
1927	18 761	8 839	27 600	3 949	1 637	5 586	10 841	13 096	23 937	23 796	16 772	40 568	3 388	1 859	5 247
1928	19 736	9 925	29 661	3 990	1 937	5 927	—	—	—	20 702	14 763	35 465	3 829	2 220	6 049
1929	18 975	9 782	28 757	4 031	2 435	6 466	12 559	13 653	26 212	22 948	14 884	37 832	4 229	2 333	6 562
1930	16 562	9 285	25 847	3 403	2 410	5 813	10 478	11 627	22 105	20 764	13 364	34 128	4 025	1 978	6 003
1931	14 975	8 275	23 250	2 769	2 130	4 899	10 523	10 288	20 811	15 844	12 163	28 007	3 859	1 781	5 640
1932	12 953	6 874	19 827	2 636	1 684	4 320	9 363	8 064	17 427	12 171	8 479	20 650	3 490	1 364	4 854
1933	12 920	6 660	19 580	2 589	2 126	4 715	10 048	8 904	18 952	13 399	9 096	22 495	3 461	1 394	4 855
1934	14 009	6 294	20 308	2 801	3 322	6 123	10 680	10 208	20 888	16 004	11 321	27 325	3 657	1 674	5 331
1935	13 465	6 498	19 963	2 690	3 815	6 505	11 114	10 218	21 332	15 312	12 880	28 192	3 105	1 751	4 856
in % gegen 1913 (1913 = 100)															
1924	81	74	79	64	53	59	111	116	113	71	142	89	213	142	185
1925	77	76	77	65	52	60	99	124	110	80	166	103	193	162	181
1926	64	124	85	58	94	72	92	160	123	73	306	133	176	222	194
1927	98	88	94	88	56	76	106	151	127	113	234	144	238	197	222
1928	103	99	101	89	66	80	—	—	—	99	206	126	269	236	255
1929	99	97	98	90	84	88	123	158	139	109	208	134	297	248	277
1930	86	92	88	76	83	79	103	134	117	99	187	121	282	210	254
1931	78	82	80	62	73	66	103	119	110	76	170	100	271	189	238
1932	68	68	68	59	57	59	92	93	92	58	118	73	245	145	205
1933	68	66	67	58	73	64	98	103	100	64	127	80	243	148	205
1934	73	62	69	63	114	83	105	118	111	76	158	97	256	178	226
1935	70	65	68	60	131	88	109	118	113	73	180	100	217	186	205

in % gegen Wettbewerbshäfen (Hbg. = 100)													
1913	100	23	29	25	53	86	65	109	71	96	8	10	9
1924	100	18	20	19	73	134	93	95	136	108	20	18	19
1925	100	20	20	20	68	140	93	116	155	129	19	20	19
1926	100	21	22	22	77	111	94	125	175	151	20	17	19
1927	100	21	19	20	58	148	87	127	190	147	18	21	19
1928	100	20	20	20	—	—	—	105	149	120	19	22	20
1929	100	21	25	22	66	140	91	121	152	132	22	24	23
1930	100	21	26	22	63	125	86	125	144	132	24	21	23
1931	100	18	26	21	70	124	90	106	147	120	26	22	24
1932	100	20	25	22	72	117	88	94	123	104	27	20	24
1933	100	20	32	24	78	134	97	104	137	115	27	21	25
1934	100	20	53	30	76	162	103	114	180	135	26	24	25
1935	100	20	59	33	83	157	107	114	198	141	23	27	24

*) Die Zahlen sind nach der amtlichen Statistik der betreffenden Häfen zusammengestellt. Für 1935 sind teilweise nur vorläufige Zahlen angegeben.

**) Die Hamburger Zahlen sind auf den Gesamthafen Hamburg (Hamburg, Altona, Harburg-Wilhelmsburg) umgerechnet.

***) Die eingesetzten Zahlen sind teilweise geschätzt, insbesondere auch für 1929.

****) Die Zahlen für 1913 beruhen auf einer anderen Berechnungsmethode und sind daher nicht ohne weiteres mit den anderen Jahren vergleichbar.

Anordnung
des Treuhänders der Arbeit für das Wirtschaftsgebiet Nordmark über die Bildung des Gesamthafenbetriebes des Hafens Hamburg.

Auf Grund der Zwölften Verordnung zur Durchführung des Gesetzes zur Ordnung der nationalen Arbeit vom 8. April 1935 (RGBl. 1935 I S. 510) betreffend Bildung und Aufgaben von Gesamthafenbetrieben (im folgenden kurz: Verordnung) erlasse ich folgende Anordnung:

Gesamthafenbetrieb, Hafeneinzelbetriebe, Hafenarbeiter.

§ 1.

(1) Die Hafeneinzelbetriebe des Hafens Hamburg bilden als Gesamthafenbetrieb einen Betrieb im Sinne des § 1 des Gesetzes zur Ordnung der nationalen Arbeit.

(2) Als Hafeneinzelbetriebe im Sinne der Verordnung gelten sämtliche Betriebe des Hafens Hamburg, die Hafenarbeit ausführen und die Hafenarbeiter beschäftigen. Die Hafeneinzelbetriebe haben ihre Aufnahme in eine vom Führer des Gesamthafenbetriebes zu führende Liste beim Führer des Gesamthafenbetriebes zu beantragen.

(3) Die Beschäftigung als Hafenarbeiter ist vom Besitz einer gültigen Arbeitskarte für den Gesamthafenbetrieb abhängig. Die Arbeitskarte wird vom Führer des Gesamthafenbetriebes ausgestellt. Die näheren Bestimmungen erläßt der Treuhänder der Arbeit im Benehmen mit dem Vorsitzenden des Landesarbeitsamtes Nordmark. Bis zum Erlaß dieser Bestimmungen gelten die „Durchführungsbestimmungen über die Arbeitskarten für den Hafen Hamburg vom 1. 7. 1934 / 1. 1. 1935" vorläufig weiter*).

(4) Als Hafenarbeiter in diesem Sinne gelten auch Vizen aller Art, Lademeister, Lehrlinge, jugendliche Arbeiter und Arbeitsburschen im Hafeneinzelbetrieb.

Beirat.

§ 2.

(1) Gemäß § 4 der Verordnung wird neben dem Vertrauensrat des Gesamthafenbetriebes ein Beirat gebildet. Dem Beirat gehören neben dem Führer des Gesamthafenbetriebes als Vorsitzenden als Mitglieder an:
4 Führer von Hafeneinzelbetrieben,
2 Vertrauensmänner der Gefolgschaften der Hafeneinzelbetriebe und
2 Vertrauensmänner der Gefolgschaft des Gesamthafenbetriebes.

(2) Für jedes Mitglied wird ein Stellvertreter bestellt. Bei Angelegenheiten, die einen bestimmten Betriebszweig betreffen, kann der Beirat um je einen Betriebsführer und einen Vertrauensmann aus dem betreffenden Betriebszweig erweitert werden.

---

*) Ueberholt durch die Durchführungsbestimmung über die Arbeitskarten für den Hafen Hamburg vom 22. 11. 1935.

(3) Die Mitglieder des Beirats, die Stellvertreter sowie die Betriebsführer und Vertrauensmänner der einzelnen Betriebszweige (Absatz 2) bestellt der Treuhänder der Arbeit auf Vorschlag des Führers des Gesamthafenbetriebes.

Höchstarbeitszeit.
§ 3.

Die bereits erlassene Anordnung über eine Höchstarbeitszeit gilt vorläufig weiter und findet sinngemäß auf alle Hafenarbeiter Anwendung.

Verwaltungsorgan.
§ 4.

(1) Die Erledigung der laufenden Verwaltungsarbeiten des Gesamthafenbetriebes wird gemäß § 7 Absatz 3 der Verordnung der Gesamthafenbetriebs-Gesellschaft m. b. H. in Hamburg übertragen.

(2) Zu den laufenden Verwaltungsarbeiten des Gesamthafenbetriebes gehört auch die Bestreitung der Kosten für ein auf Grund des § 32, Abs. 2, Satz 4 AOG, durch Tarifordnung errichtetes Hafenschiedsgericht.

Betriebsordnung und Vertrauensmänner.
§ 5.

(1) Die auf Grund der Anordnung des Treuhänders der Arbeit vom 11. April 1934 vom Führer des Gesamthafenbetriebes erlassene „Betriebsordnung für den Gesamthafenbetrieb des Hafens Hamburg vom 1. 7. 1934 / 1. 1. 1935" gilt vorläufig weiter*).

(2) Die aus dem Kreise der Gefolgschaft des Gesamthafenbetriebes bestellten Vertrauensmänner bleiben bis zum Ablauf ihrer Arbeitszeit im Amt.

Strafbestimmung.
§ 6.

Wer der vorstehenden Anordnung wiederholt vorsätzlich zuwiderhandelt, kann auf Antrag des Treuhänders der Arbeit gemäß § 22 AOG, mit Gefängnis bzw. mit Geldstrafe bestraft werden.

Schlußbestimmung.
§ 7.

Die Anordnungen des Treuhänders der Arbeit vom 11. April und 8. Mai 1934 werden mit sofortiger Wirkung aufgehoben.

Hamburg, den 7. September 1935.

Der Treuhänder der Arbeit
für das Wirtschaftsgebiet Nordmark.
Dr. Völtzer.

---

*) Ueberholt durch die Betriebsordnung für den Gesamthafenbetrieb des Hafens Hamburg vom 15. Februar 1936.